ハラスメントを防ぐコミュニケーション手法と働きやすい職場づくり

個人と組織の相互成長のために

株式会社おもてなし経営研究所

伊東 久・竹岡聡子 著

ビジネス教育出版社

はじめに

　セクハラという言葉が日本で使われるようになったのは1980年代、平成元(1989)年に日本で初めてセクハラ問題の裁判が起こされ世間に知られるようになりました。著者が社会人となったのは丁度その時期で、「ハラスメント」という言葉すら知りませんでした。社会には、組織、肩書き、権力と強い立場を利用した理不尽な行為がそこら中に溢れていました。怒鳴り声と共に備品を壊す上司、反論も無く受け入れる部下、予期しない部署転換、長引く欠勤、退職の申し出、そして言葉にもしたくないセクハラの数々が多くあったようです。

　なぜ、仕事をするうえでこのような屈辱的な行為を受けないといけないのか、なぜ、そのような暴言を吐かれるのか受け入れ難いものがありました。当時は、ハラスメントと言える場面に出くわしても、誰も止めることができず多くの人が受け入れざるを得なかったように思えます。

　数年前よりハラスメントが世界中で認知され、定義が細やかに定められてからは、世の中全体が働きやすい職場づくりに向けて動き出しています。関係するニュースや相談を耳にするようになり、自分だけではなく、社会全体の問題であることに現実味を感じ、考えさせられます。ハラスメントの研修依頼を受ける度に、自身の過去の経験は、同じような苦しみを抱えている人たちへの苦しみを無くすためにあると自分に言い聞かせ、代弁者となり伝えています。「人の痛みを知る者は人に優しくなれる」という言葉を胸に、この執筆にも取り組みました。

　本書では、ハラスメントにならないためのコミュニケーション活性化という視点で解説しています。そのため、本書に掲げているハラスメントの事例は、研修で相談を受けたことなど多くの職場で起こり得ることを中心にしています。

　実際に被害を受けた当事者からしてみると「こんな優しいものではない」という事柄も多いかもしれませんが、本書でお伝えしたいのはハラスメントのない、働きやすい組織に必要なコミュニケーションです。したがって、些細な芽に早期に気づき対処する、もしくはハラスメントそのものが無縁な関係性を築くための対策に役立ててもらうことが本書のねらいです。

　また、ハラスメントの問題は女性の視点だけではなく、男性の視点、上司から、部下からといったあらゆる角度からの価値観や意見も重要との考えから、管理職

として多くの実務経験のある伊東久先生との共同執筆に至りました。

　昨今の情勢をみていると、「〜ハラ」という言葉が溢れ、ハラスメントが過度に先に立ち過ぎている傾向も感じます。ハラスメントが本来の組織目標の達成に弊害が出ることは、決してよいことではありません。

　1日の大半を過ごす職場において、お互いが相互尊重のなかで働きやすい職場をつくることが、今回の執筆にあたるうえでの一番の著者の想いであり、そこにはハラスメントを受ける辛さや悲しみ、悔しさ、苦しみといった経験を少しでも減らせたらという願いがあります。

　皆様が「素晴らしい人たちと一緒に働けて幸せだ」と思える環境づくりのために、本書をお役立ていただければ幸いです。

竹岡聡子

目 次

ハラスメントを防ぐコミュニケーション手法と働きやすい職場づくり
~個人と組織の相互成長のために~

1 職場でハラスメントが起きてしまう原因と、ハラスメントが起こらないための対策とは？ …10

2 ハラスメントにならないための部下指導
（Q&A形式） …32

3

ハラスメントが起きてしまった場合の早期解決策と、
社会コミュニケーションの活性化策 …50
（1on1ミーティング、風通しのよい職場風土に変える）

プロローグ

「指示」と「支援」の違いが意味するもの

　ある企業の営業現場で起きた実例です。

　営業部門の責任者である部長Aは、月末が近づくとその月の目標達成のために「あと何件獲得しろ！」「得意先の○○へ訪問しろ！」と部下たちに怒号を飛ばしていました。担当者ごとに獲得目標を挙げさせ、その数字を聞き取り、集計フォーマットを作ってまたそこに進捗状況を書き込むという、超アナログ的な仕事をしながら数字を追っていました。まさに月末近くになると電話魔となり、残業は当たり前で目標に届くまでは寝る間もないほど猛烈な仕事をしていました。

　そんな最中にある事件が起こりました。

　動きの悪い部下Bに対し、「達成できなかったらどうなるかわかっているだろうな！」「いい加減にしないと飛ばすぞ！」と部長Aの怒号は頂点に達していました。月末だけならまだしも、通常の業務のなかでも「いいか、この仕事は結果がすべてなんだ。今のうちに今月どうするのかよく考えておけ！」と、冷たい言葉だけで、コミュニケーションはほぼ無に等しい状況でした。部下Bは、ついに音を上げ人事部に配置転換を訴えました。当初人事部は「個人的な理由で配置転換はできない」と形式的な返答をしていましたが、理由を深掘りして聞いていくと特定の人に対しパワハラが常習化していることがわかりました。さらに、人事部が他のメンバーへの聞き取りをしていくなかで、もっと大きな問題が隠れていることがわかったのです。別の部下Cへの聞き取りでは、どうにかして今月の数字をつくろうと自腹で売り上げを計上し、次の月に獲得した売り上げで戻すという不正も発覚しました。部下Cは「どちらにしても獲得したものだから、いつ計上してもいいのではと思いました」と、不正に値する認識がまるでなかったようです。おそらく、部長Aの目標達成意欲がかなり高かったのでしょう、その強制力が思わぬ弊害をもたらしてしまったのです。

　この2つの問題、組織のための目標達成に向けた強い圧力と、不正の認識に気

づかない部下の問題として終わらせることができるでしょうか。

　次の観点からこの問題をみていきたいと思います。

（1）　部長Aは、「誰のため」に仕事をしていたのでしょうか？
（2）　部長Aの目的は何だったのでしょうか？
（3）　部長Aは、なぜこういう強制力を発揮してしまったのでしょうか？
（4）　部下Bは、仕事を「やりたい」という欲求があったのでしょうか？
（5）　部下Cは、このやり方で成長できると思っていたのでしょうか？
（6）　そもそも、この部署は何のために仕事をしているのでしょうか？

　これらを1つずつ紐解いていきましょう。
　まず**（1）**です。部長Aは誰のために仕事をしていたのかという問いには、「自分の成績のため」であることは明白です。強い責任感なのかも知れませんが、あくまで対象は自分にあります。組織の目標であることは立場上では口にするかも知れませんが、自分が成績を上げて評価を得たいという気持ちが先行するのでしょう。したがって、そこには部下の教育のためとの観点が抜け落ちていることがわかります。
　次に**（2）**です。部長Aの目的は、「成績」です。いわゆるモノが観点にあります。この目標（数字）を達成したいのです。そこには部下の成長とヒトに対する観点はなく、「やり方はどうでも、自分で苦労して結果をつくる」という考えが先行しています。その観点からプロセスは度外視しているのかも知れません。
　（3）の強制力ですが、**（1）**にある自分の成績が優先されていることから「権威を示したい」意欲をうかがうことができます。「部長とはこういうものだ！」との姿を誇示することで権限を示したいのかも知れません。
　さて、部下Bですが、**（4）**にあるように、そもそも仕事をやりたいとの欲求はあったのでしょうか？おそらく「言われたからやらなければならない」と義務的な思考になっていて、自ら顧客を創造したいという欲求とは程遠いものに違いありません。
　となると**（5）**の部下Cも同様に、成長よりも「やるしかない」という義務的な思考の中、数字だけつくればいいという結果に追われ、自身の成長に興味が持

てなくなっているのではないでしょうか。まさに、部長の数字に対するモノ合わせで終わっています。

　さあ（6）ですが、そもそもこの部署は何のために仕事をしているのでしょう。ハラスメントが多い職場に共通している点が、まさにここです。目の前のことに捉われ、組織の目的と部門の役割がどこかに追いやられていることが多いのです。多くの組織は「顧客の利益と社会貢献」に似た理念を掲げています。その部門の役割として、「地域顧客に信頼され、いつでも声をかけていただける担当部門になる」と使命を目指していることでしょう。しかし、この問題を起こした部門にはそのような「顧客信頼」の姿勢や言動が一切見えてきません。

　そんな組織だからこそ必然的に「言われないと動かない」という人たちが育ってしまいました。担当者たちは「どうせ月末にやるから」「また怒号が飛ぶから今はおとなしく」などの声が出やすくなります。上司に評価されるのは、普段から頑張っていて成果を出している人ではなく、月末に大きな成果を上げてパフォーマンスを見せた人が評価対象となります。本来ならば顧客の信頼を掴んで確実な成果を確保できているかどうかで評価されるべきであるものが、上司の指示・命令に素早く反応した人たちが評価され、「目先の売り上げ」が取れた人が褒められる土壌ができ上っていました。

　先述の（1）〜（6）までの紐解き、実は「指示」が起こす弊害と考えています。これが目先の売り上げ、利益が絡んでくるとハラスメントの温床へとなっていきます。いわば私利私欲が発生しやすい環境です。では、この「指示」の言葉を「支援」に変えてみたらどうでしょう。組織ビジョン達成のために顧客を支援し、その顧客満足のために部下が成果を上げるように支援をする考えのもと、その部下が成長していくことこそ、組織の在り方、部門の役割があるのではないでしょうか。組織の一人ひとりがビジョン達成に向け、「私はやりたい」という意識に変えることこそ、個人と組織の相互成長に向かえるのです。

　ハラスメントは単なる個人レベルの意識の問題だけではなく、組織活性化による円滑なコミュニケーションが大きく関係していることを認識のうえ、本章をお読みいただけると幸いです。

1 職場でハラスメントが起きてしまう原因と、ハラスメントが起こらないための対策とは？

課題1 ┃ 過去の環境や習慣の違いによる先入観や固定概念がモラルハラスメントに

「今どきの若い人は……」「今年の新人は……」という言いまわしは上司、先輩にとって思わず口に出してしまう言葉の1つかもしれません。いつの時代も変わらぬ後輩指導育成上の課題でもあります。

新人を迎える季節になるとOJT指導者に向けての研修相談を受けることがあります。年々変化している価値観に適した望ましい指導の仕方や、コミュニケーションの在り方等を学ぶことで効果的な育成が期待できます。この育成指導の過程でいろいろな問題が起きるようになりました。

【事例1】

Cさん（OJT指導者）：課長、すみません。Aさん（新人）から、電話応対が苦手なので電話に出たくないという相談があったのですが……

上司：えっ! 新人が電話に出るのは当たり前だろ。そんなこともできないのか!!

- -

【事例2】

上司：Aさんに頼んだ仕事の報告がいまだにないけど、どうなってるのか聞いてる?

Cさん：すみません、私には報告があったのですが……

上司：あーそうなのか。普通、仕事が終わったら頼まれた人に報告するよね。こちらから聞かれないと報告できないのは困るな

ここでの問題は、

①昨今は新人が電話に出るのは当たり前ではありません。固定電話に不慣れな新人のなかには、抵抗を強く持っている人もいます。苦手意識を克服するた

めに、慣れるための指導を工夫することが求められます。

②新人から直接相談がないことは問題ではありません。職場経験のない新人にとって、誰に相談すればよいのかを理解していないことに目を向けましょう。仕事は、頼まれた人に報告することが理想ですが、普通にそれができていないことは組織の仕組みを理解していないことが推測されます。

　多くの組織では、OJT指導者の大半を年齢の近い担当者がその役を担います。わかっていることですが年齢の近い関係のなかで価値観のギャップはほとんどなく、研修で指導のコツを学ぶことにより良好な関係性が築くことが期待できます。

　ところが、上司、先輩は仕事のレベルが上がり、OJT研修や新人の職務を改めて学ぶ機会はありません。過去の学びや自分の経験を基に、OJT指導者の相談を受けます。ここに大きなギャップが発生するのです。OJT指導者からの報告や相談に対し自身の価値観を基調とし、「当たり前」「普通」という観点で「これができるのは当たり前」「今年の新人は能力が欠けている」という評価をすると、その場に居合わせたOJT指導者だけでなく周囲までもが「今年の新人はダメだ」という印象を持ってしまうことにもなりかねません。職場全体が新人への評価を下げた空気になるのは、ある意味モラルハラスメントともいえる行為に当たるでしょう。

　また、昔、同じ職場で働いていた先輩パートさんや嘱託の方に現場指導の一端を任せることもありますが、多くは過去の経験を基に指導します。ここに、昨今の価値観との隔たりも生じ、新人からは「指導の内容が人によって異なる」「それが原因で自分が注意を受ける」ということも実際に起こっています。

　人の言動は過去の実体験、自身の経験の上に成り立っています。成功体験が強ければ強いほどそれをいつまでもよしとする傾向もあります。経験の違いは価値観の違いを生じさせます。その価値観の違いがハラスメントの原因の1つと考えられます。

対策 ▎経験の違いは「質問」で防ぐ

　経験の違いによる価値観の概念を払拭するには、自分本位の考え方を改めましょう。移り変わる時代変化と共に私たちの周りの環境への影響、それに伴う考え方

の違いを受け入れることです。

　そのうえで、自分の中の常識に疑問を持ちましょう。何を前提にして当たり前なのか普通なのか、その概念を捨てましょう。とはいえ、いきなり考え方や行動を変えるのは難しいものです。そこで、経験の違いは「質問」を活用するように努めましょう。先ほどの例であれば、まず理由を掘り下げて聞くことです。昨今の少人数体制の職場では、OJT指導者に新人の指導を任せて管理者の関与が少ない職場もあるようです。管理者が直接コミュニケーションを取り、意向を聞き出しOJT指導者をサポートしていくことも必要です。

上司：Aさんは、電話応対のどんな点が苦手に思っているの？

Aさん：はい、お客さまの名前や用件が上手く聞き取れません

上司：聞き取れなかったときは、慌てず聞き直せばいいんだよ

Aさん：はい、聞き直しているのですが、それでも聞き取れないことがあります。何度聞くのも失礼だし、長い名前はメモしきれずに困っています

上司：聞き取れないのは、どういうお客さま？

Aさん：個人のお名前というより会社名が多いです

上司：会社名が聞き取れないんだね。それなら、電話してくるお客さまはお取引先が中心なので、限られた先なんだ。まずはそこから覚えようか。それならCさん、悪いけど手が空いたら取引先ファイルの整理を教えてあげてくれないか？Aさんはファイルの整理をしながら会社名の漢字と読み方、代表者名に目を通しておくと記憶に残るので、電話で社名を聞いたときにピンとくるようになるよ。しばらく、ファイルの整理をお願いするよ

　電話応対に慣れてしまっている私たちは、一般的に電話応対を練習させることを優先させますが、"間違えたくない"という想いの強い最近の新人には、自信を持たせることも必要です。この場合は、電話応対の練習をさせること以前に、顧客名や仕事を学ぶ指導が優先的に求められます。過去の記憶と経験から「できて当たり前」「普通にやることができないのは能力が低い」と決めつけて評価してしまうには時期尚早です。決してできないわけでも、能力が低いわけでもありません。このようなやり取りが実現したら部下の成長が期待でき、働きやすい職場環境であることがうかがえます。

　「報告」の仕方もそうです。行動科学や心理学の観点から、人のできないことの理由には2つあると言われています。1つ目は「知らないこと」、2つ目に「習慣化（継続）されていないこと」です。特に最近は、生活習慣の変化も伴って知らないこと、経験をしていないことが増えています。そのことを前提にするならば、できていないことを行動できるようにルールとして明確に伝えることも重要です。

> **上司**：Aさんから報告がないんだけど、どうなっているのかな？
>
> **Cさん**：すみません、私には報告があったのですが……
>
> **上司**：Cさんに報告しているならよかった。でも、私が頼んだ仕事は、こちらにも報告があると安心できるので、今後はCさんが確認してよければ、私にも報告してくれるように指導して貰えますか？

　このように、「できていない＝能力低い」ではなく、ここ数年の環境の変化による経験の違いから、仕事における理解の差異も大きく異なるようになりました。もちろん、上司や先輩の知らないことをたくさん知っていることもあることでしょう。経験の違いは、お互いが敬意を持って「問いかけ」により互いにアドバイスし合う、良好な関係づくりと職場環境の構築に努めていくことをおすすめします。

課題2 ‖ 概念・言葉による悪気のない言動がハラスメントに

　セクシュアルハラスメントは、ハラスメントのなかでも罰則規定の強化等により近年急速に発生件数が減少しています。実際に目に見える行為は減少していますが、自分自身が自覚の無い無意識な行為に気づいていないとしたらいかがでしょうか。

　実は、見聞きした物事に対して無自覚に先入観を抱いてしまい、その色眼鏡をかけた状態で言動を取ってしまう行為を「アンコンシャスバイアス（無意識の偏見）」と呼んでいます。アンコンシャスバイアスが発生する原因は、古来からの性別による役割分担意識が残っているからだと言われています。私たちは、幼少

期から大人たちの言葉を耳にしているため「正しいこと」としてその概念が形成されています。大人になると先入観や固定概念として定着しているため、自覚がなく無意識のまま差別や偏見が存在していることに気がつき難いという特徴があります。

　具体例として、以下のような言葉に馴染みを感じることでしょう。

- **重い荷物運びは男性の仕事**
- **女性は細やかな気遣いができる**
- **男性は営業、女性は内勤**
- **男性は数字に強く、女性は事務作業やアシスタント仕事が得意**
- **男性は上昇志向が強く、女性は安定志向**
- **女性は結婚、出産を機に退職する傾向が強い**
- **育児中の女性に重要な仕事は任せられない**
- **女性は管理職になりたがらない**

性差だけでなく

- **最近の若手社員は協調性に欠けて見える**
- **日本人は真面目で礼儀を重んじる**
- **銀行員は数字に強い**

といったことも含まれます。

　他に言葉としても存在します。例えば、管理職の女性に対し次のような声かけをしたらどう思うでしょうか。

- **気が強い**
- **競争意識が高い**
- **自信を持っている**
- **あの人はタフだ**

　これらの言葉は、男性に使用するとよい評価にもなりますが、女性に使用すると嫌味に取られることもあるでしょう。アンコンシャスバイアスは、環境や経験によって誰もが持つ先入観や思い込みが原因になるため、とても身近で気づきにくい偏見なのです。これらの概念は、人材採用や人事評価の場面でも、気をつけないと非常に危険で、優秀な人材を見逃してしまう可能性もあります。

　万一、担当者が「女性は管理職をやりたがらない」「リーダー職は男性であるべきだ」「営業職は男性、事務職は女性」というアンコンシャスバイアスを持ってい

た場合、高い能力と上昇志向を持つ女性社員がいても最初からリーダー候補として見ていないため、優秀な人材を活かしきれなかったり、営業能力の高い女性や事務能力の高い男性の応募者がいても採用対象外としたりしているため、優秀な人材を獲得する機会を失っています。同様に「女性は結婚、出産を機に退職が多い」と思っていると、「結婚・出産の意思」を遠回りにヒアリングするようになります。プライベートな質問は、どのような聴き方でも、セクシャルハラスメント、コンプライアンス違反です。

アンコンシャスバイアスの悪影響を及ぼさないためには、先入観や思い込みにとらわれずに、一人ひとりの能力や適性を第一優先で判断する姿勢を持つことが大切です。

対策 | アンコンシャスバイアス（先入観や固定概念）を無くすには、自覚すること

アンコンシャスバイアスを自己認識せず、思ったままに周囲への言動に表して放置してしまうと、日常のなかで常態化し、組織全体の社風・組織風土として定着してしまい、様々な組織活動を弊害する原因になります。

- **パワハラ、セクハラ、マタハラ、パタハラといった様々なハラスメントの発生**
- **社員のモチベーション、エンゲージメントの低下**
- **ダイバーシティマネジメント実現の遅れ**

このアンコンシャスバイアスこそが、ダイバーシティ（多様性）の実現を阻んでいるとも言われています。

今後、多様な人材を労働力として迎え入れる際の障害にもなるため、働き方改革を進めるうえでも必ず対策しなければならない課題です。

とはいえ、アンコンシャスバイアスは長年かけて知らず知らずのうちに植え付けられている価値観であるために、悪意が無いことから、本人もその周囲もその存在に気づき難いのが問題です。

上司Ａ：お子さま連れのお客さまが多数いらっしゃいます。女性は子どもの扱いにも慣れているので、本日の受付は女性たちにお願いします
上司Ｂ：新しいプロジェクトには、今までにない斬新なアイデアを多数盛り込

> みたいと考えていますので、30代以下の若い人を中心に任せたいと
> 思います。

　上司A・上司Bの言葉をどのように感じますか？私たちの職場はいつもこんな感じです。という状況でしたら危険です。アンコンシャスバイアスの常態化がうかがえます。問題点を次のように指摘し、組織として常に気づきを促し、お互いが注意し合える環境を構築することが求められます。

> **Dさん**：すみません、その意見には賛成できません。女性でも子どもの扱いが
> 　　　　慣れていない人や苦手な人はいます。希望者を募る方法でいかがで
> 　　　　しょうか？
>
> ---
>
> **Eさん**：斬新なアイデアは30代以下にしか期待できないのでしょうか？

　先日、ある企業にハラスメント研修で訪問したときのことです。研修室に向かう途中「身だしなみのルール」が壁に貼ってありました。「女性＝派手ではない服装、男性＝スーツ着用（冬場はネクタイ着用）」とありました。私が「これもアンコンシャスバイアスの1つですね」と指摘をすると、反論がありました。「男性は営業があるので」「男性は外部との面談が多いので」「女性はスーツ着用とすると持っていない人が多い」等々。

　それが、長い年月のなかで築かれてきたアンコンシャスバイアスであると伝えましたが、管理職を含めなかなか理解が得難いようでした。これは、男性だけの責任ではなく、その職場風土に甘えてきた女性たちにも責任があることは否めません。

　アンコンシャスバイアスを無くすには、自身の言動や、組織風土のなかにアンコンシャスバイアスが存在することを一人ひとりが自覚し、受け入れ、柔軟に対応していくことです。長い歴史のなかで形成された概念の払拭は簡単にはいきませんが、組織や自身の考え方を刷新するうえでも早期の取り組みが必要です。

課題3 ┃「正しい意見」がロジカルハラスメントに

　上司Aさんが通りすがりに部下の仕事をのぞいたとき、自分とは異なるやり方で仕事をしているのを見かけました。何度も教えているのに、また効率の悪いやり方をしています。このまま見過すわけにもいかないので、Aさんは次のような声をかけました。「Bさん、この仕事は、そのやり方でやるよりも、このやり方でやった方がいいと、何度か教えているよね。そのやり方では時間がもったいないよ」と言いました。すると部下Bさんが、「Aさんはいつも簡単に言いますが、そのやり方は私には難しくて、なかなか言われた通りにできないんです。Aさんだからできるのです」という言葉が返ってきました。

　上司にとっては、今までの経験上培ったノウハウや正しいことを親切心から部下に教えているだけですが、部下にとっては自分には合わないやり方を押し付けられていると感じ、ストレスを溜めていることがあります。これは、ロジカルハラスメント（以下、ロジハラ）と言われます。「正しいやり方を教えてもストレスになるなら、何も教えられないな。今は自分の想い通りにならないことは何でもハラスメントだな」と思いませんか？これは、ロジハラを正しく理解する前の著者の印象でもありました。

　実はこの問題は、正しいことを指導すること自体がハラスメントではなく、それ以前に部下がどうして教わったやり方を実施していないのかという理由・原因に耳を傾けないままに、自分の正論を押し付けいることに問題があります。ロジハラは「自分が正しい」と自身の概念を相手に強制すること、相手に共感させ押し付けることを強要してしまうことから、別名「共感ハラスメント」とも言われています。仕事の経験が長かったり、過去に成果を出した経験があると、人はその体験が先入観や固定概念として記憶に定着していきます。親切心が、いつしか押しつけになっていたという不本意な結果になってしまっていることが考えられるのです。

　例えば、新規訪問先に上司と部下が同行訪問をすることとなりました。

> 上司：新規先なのでパンフレットAだけを簡潔に案内しよう
> 部下：新規先なのでパンフレットAとBの案内をして当社の商品を幅広く知ってもらった方がよくありませんか？

と上司とは異なる意見が部下からも出たとします。どちらの意見にも可能性があり、間違いとはいえません。ですが上司が何の検証・根拠も示さないままに「新規先は短時間で簡潔に印象よく済ませるのがいい」と自分の考えを主張し押し付けてしまうと「共感ハラスメント」となってしまいます。部下にしてみると、自分の考えは聞いてもらえないという釈然としない気持ちを抱えたまま、「あの上司は意見を聴いてくれない。いつもやり方を押し付けてくる」という思いを持ち、しいては意見を求めても発言の少ない職場風土が構築されることにもなりかねません。意見の出ない会議が多いというのも、普段からこのようなコミュニケーションが原因になっていることが考えられます。

対策 ‖ 相互尊重の意識を

　人の意見は年齢や経験により異なります。それぞれ異なる思想や価値観のうえで、アイデアを出します。上司にとっては驚くような発言であっても、真っ向から否定され「自分の意見が正しい」と上司の価値観を前提に話をされても部下が理解・納得することは難しいでしょう。どのような意見でも「なぜ、そう考えたのか？」とその背景に興味を持って質問することで、部下の意見は尊重されるだけでなく、部下自身の価値観もわかります。ここでいう価値観というのは、部下にとっての「仕事への想い」や「熱量」「経験」「思考のクセ」そして現在の「精神の状態や体調」といったことまで含まれます。コミュニケーションは対話だけで終わらせるのではなく、普段から対話を通して部下の価値観を見極めていくことが大切です。そのうえで部下のアイデアや提案が発言されたときには、その考えの幅を広げたり深めたりするための質問やアドバイスをすることが部下の成長を促すことでしょう。

　また、納得性を得るためにも自身の意見を正論とする裏付けを明確に説明することも必要です。「何も知らないのだから黙って言うことを聞け」と一喝し押し付けるのではなく、相手が納得できるように論理的に物事を整理し伝えることも必要です。単純に過去の成功を理由にするのではなく、その意見の根拠をわかりやすく提示すると、周囲も素直に受け入れることでしょう。根拠の導き方としては、問題解決技法の1つと同じです。自身の考え方に慢心しないように、常に「何故、○○なのか」という問いかけを繰り返すことです。変化の時代は周囲の意見も参

考にしながら、自身の考え方に対し「問い続けて整理する思考」を持ち続けて磨くことが求められているようにも思います。

課題4 ┃ 見えない暴力「スメルハラスメント」

　ここ数年、新入社員のマナー指導の身だしなみチェックリストに「におい」の項目を入れる企業が増えています。「におい」は見えない暴力とも言われ、スメルハラスメントは相談の多い事柄の1つですが、他のハラスメントと比較しても打開策が難しいのが特徴です。においの原因によっては簡単に解決できず、伝え方や対処法によってはそれがパワハラにもなりかねないためです。

　皆さんの好きなにおい、苦手なにおいは何でしょうか？人は基本的に自身のにおいや、自身にとって身近なにおいは問題を感じないことが多いものです。

【事例1】男性管理者から、こんな相談がありました。

「会議をしていると、1人、2人と会議室から抜けていくんです。会議が途中なのに、気づくと女性社員全員が離席していることがあり、後から原因を聞いたら、ある男性のにおいで気分が悪くなったと言うんです。……窓も、ドアも空けているのですが、会議に戻れとも言えずに、どうしたらいいでしょうか。男性たちは離席こそしませんが、不快に思うにおいです。会議すらまともにできず困っています」

【事例2】女性の管理職からは、このような話もありました。

「体臭云々ではなく、お風呂に入っていないレベルのにおいです。洗濯もですが、外見からもそう見て取れます。本人にも伝えましたが、まったく気にすることもなく変わりません。コミュニケーションを取ることも嫌悪する女性が増えていく一方なので、仕方なくデスクの場所を変えました。さほど気にならないという男性と私が近くに座り、クレームを言ってきた女性たちと席を離したのですが、新しく異動して来る人からは、必ず一度はクレームがあり困っています」

というものです。

　日本ではにおいに関する商品が沢山販売されています。このことからもにおい

はデリケートな問題であるために男女問わず、多くの方が気にしていることがわかります。

またスメルハラスメントは、汗をかきやすい夏場よりも冬場の方が起こりやすい傾向があります。その理由は、TVのコマーシャルや薬局の商品の品揃えを見ても、夏場の方がにおいを意識して対策をする人が多いからと考えられます。しかしにおいの問題は、身近なものでも沢山あります。相談に上がるのは、「柔軟剤」「整髪料」「香水」「ハンドクリーム」など、他にも卓上アロマやランチ後の残り香なども含め、生活のあらゆる場所で発生します。

対策 ┃ においに関する知識と対処法

男性は我慢し、女性は離席……困った問題ですが、ここで1つ学んでおかなければならないことがあります。そもそもにおいに関するクレームは女性からの方が多いことには「男女の脳の違い」に起因しています。人間には「嗅球(きゅう)」という脳神経の領域があり、そこでにおいを感じ取ります。その嗅球が、ブラジルのリオデジャネイロ連邦大学、サンパウロ大学、米カリフォルニア大学らの研究で、男性より女性の方が約40％嗅球の視神経細胞が多いという結果が出ています。また神経細胞のニューロン数は女性の方が約50％も多く存在するというデータもあります。これらのことからも、男性よりも女性の方がにおいに敏感であることがわかります。加えて、このことは私たちの遺伝子が深く関与しているとも言われています。人間には免疫力に関係する遺伝子があり、父親と母親から受け継ぎ遺伝子の型ができます。この受け継ぐ型が異なるほど、免疫力が強い子どもを残すことができるとされます。免疫力の遺伝子はフェロモンとして体臭に表われますので、女性は本能的ににおいで異性の相性を確かめていると考えられています。よく思春期の娘が「お父さんの服と一緒に洗わないで」という話が聞かれますが、あれは遺伝子レベルで正しく成長していることがわかります。

ここからは、職場での対応を考えましょう。

先ほどの1の会議の事例では、詳しく聞くと原因は一人の社員の口臭でした。口臭の原因で最も多いのが歯周病ですが、他にも全身の病気やストレスによるもの、生理的口臭などがあります。

〈 全身の病気 〉

・呼吸器系や消化器系（胃・食道気管）・耳鼻咽喉系の病気＝タンパク質の壊疽臭

・糖尿病＝アセトン臭（甘酸っぱい匂い・果物が腐ったような臭い）

・肝硬変や肝臓がん＝アンモニア臭

・トリメチルアミン尿症＝魚臭

〈 生理的口臭 〉

・起床時や夜寝ている間　・空腹　・緊張時（唾液の分泌が減るため）

・女性の場合は月経時や産前産後、更年期のホルモンバランスの変化などで生理
　的に起こる

　このような病気が口臭の原因になると聞くと、少し自分のにおいに敏感になると思います。そこで、においへの注意やアドバイスは相手の体調を気遣いながら伝えることをおすすめします。

　「○○さん、最近疲れが溜まってるんじゃないかな？自分では気づかないと思うけど、体調が悪そうなにおいがしている。心当たりはある？早い段階で病院に行ってみたらどうかな？」というように、一緒に働く仲間として気遣う伝え方は、信頼感が高まり、関係性の強化が期待できます。実際に上司にすすめられ、その日の午後に歯科医で歯周病が発覚し、改善になった人もいらっしゃいました。

〈 自宅で行える口臭対策 〉

・歯磨きに加えて、１週間に１回だけでも舌磨きをする。

・マウススプレーやマウスウォッシュを併用すること（このにおいが苦手な人もいるので注意）。

・口臭の原因は細菌なので、細菌を殺菌してくれる薬用効果の高い薬剤を使用する。

・定期的な歯石除去を行うこと。

・唾液の分泌を促すマッサージをする（あごの両サイド、えらの下あたりを指先で円を描くようにマッサージする　など）。

・ココアを飲む。ココアに含まれるリグニンという食物繊維は体臭を軽減する効果が期待できる。

　次に２の事例として、不潔から発生するにおいの原因には、頭皮や髪の毛、足

（靴の中）、脇の下などからの汗のにおい、皮脂の酸化による加齢臭、等があります。この原因となるにおいは、そのまま放置しておくと細菌によってますますにおいが強くなっていくことが問題とされます。特に加齢臭の原因は、「ノネナール」という物質で、発生しやすい部位は、頭、首や耳のうしろ、背中、わき、胸です。男性特有のにおいと思われがちですが、女性にも起こります。「職場内に消臭スプレーを用意しているという話も聞きますが、このようなにおいに関しては、個々人が原因に心当たりがないか、まずはご自身でチェックしてみる意識を持つことが必要です。思い当たる節があればセルフケアから始めて、それでも収まらないときは、病院を受診するなど専門家に頼ることも考えましょう。においは周囲に影響を与えますが、何より自分の健康にも関わります。周りのため、そして自身のためにも早めの対策をしましょう。

＜加齢臭等の予防法＞

① 入浴時、頭、首や耳の後ろなどをデオドラント作用のある石けんで丁寧に洗い、清潔な状態を保つ（気になるときは出勤前にシャワーを浴びる）。

② 加齢臭に対応している消臭スプレー、拭き取りシートを活用し、定期的に汗、皮脂を拭き取る。

③ 衣類をこまめに替える。ＹシャツやＴシャツをロッカーなどに保管して、着替える。

④ 脂っこい食事やカロリーオーバー、便秘に注意し、食物繊維や抗酸化作用の強いビタミンやカロテン、ポリフェノールなどが豊富な野菜、果物、豆類を摂る。

⑤ こまめに水分を補給する。

女性管理者からの相談のように、指導の後にも本人が何ら対策も取らないという社員に対しては、組織の本来あるべき目的を明確に伝え、場合によっては職務変更等のペナルティも辞さないことを視野にいれた抜本的な対策も必要になることもあります。組織としてのリスク管理の一環として専門部署を交えて対策を取ることも考えましょう。

また、このような問題を後になってまねかないためにも、入社時からマナー教育としてにおいにも配慮することを周知していくことは、今後のスメルハラスメ

ント対策として望ましい傾向のひとですが、何事も過剰になり過ぎないことが大切です。

課題5 ‖ 異なるタイプ（積極的：消極的）

実際に、ある企業であった話です。

今年初めて新人指導を任されたAさんとBさんは、OJT研修で、質問による啓発的な指導としてコーチングを勉強しました。その際、日頃のコミュニケーションも大事ということも学びました。人と話すことが大好きで快活なAさんは、研修での学びを参考に積極的に新人Cさんに声をかけるようにしていました。

> Aさん：この仕事は、……という風にやるんだよ。
>
> 　　　　ここまでで質問ある？　問題ない？
>
> Cさん：はい
>
> Aさん：この仕事は先日もやったけど、何をやったか覚えてる？
>
> Cさん：はい

というように新人Cさんは返事こそしますが、元々口数の少ないタイプでした。そこで指導者のAさんは、話しやすい話題ならと休みの日の過ごし方や趣味など自分の話題も混ぜながら話しかけるようにしていました。それでも自分のことをほとんど話したがらない新人のCさんでしたが、Aさんの質問に対し、学生時代の合コンに参加したときの失敗談として、周囲と打ち解けなかったことの話をしたことがありました。

それからです。指導者のAさんは、反応の悪いCさんに対しコミュニケーション力も指導しようと「そんな反応だから合コンでも上手くいかないんだよ。もっと明るく……」と何かにつけてそのときの話を持ち出しながらアドバイスをするようになりました。Cさんにしてみると、たまたま話した話題をいつまでも持ち出されることに、ストレスを溜めるようになりました。

別のOJT指導者Bさんは、黙々と1人で仕事をするタイプです。初めて部下指導を任され、責任感を持って指導にあたっていましたが、担当している新人D

さんは、とてもモチベーションが高く積極的な姿勢で取り組むタイプでした。「質問があります」と何度となく聴いてくるだけでなく新しい仕事に興味を持ち、指導する前から「○○を教えてください」と言ってくることがあり、OJT計画以上の指導に追われ、Bさんは自分の仕事とDさんの指導で疲れてしまっていました。

数日後、新人CさんとOJT指導者Bさんがそれぞれに上司に相談に来ました。新人Cさんからは、「Aさんは不慣れな自分に対し質問や雑談が多くストレスになるだけでなく、仕事に集中できないです。また過去の失敗談を何度となく持ち出してくるので神経的にまいっています」とのことでした。

OJT指導者Bさんからは、「Dさんはどんなに丁寧に教えても質問が多く覚えが悪い。そのくせ、新しい仕事を覚えたがるので、自分の仕事が回らなくなって困っています」ということです。

上司は指導者のAさん、新人のDさんからも話を聴きましたが、2人ともまったく悪気がなく、それどころか、よりよい関係性を築こうという思いや、早く仕事を覚えようと前向きに働きかけをしているだけで、上司としても何故このような食い違いが発生したのか不思議でなりませんでした。

みなさんが上司の立場であったらどのような対処を考えますか？

対策 ┃ コミュニケーションの目的理解

先ほどの事例は、お互いの価値観の違いがまねいたトラブルです。結果として話し好きなOJT指導者Aさんの下に質問の多い新人Dさん、寡黙なOJT指導者Bさんと私語の少ない新人Cさんというようにペアを交代することにより、その後は順調にいったという話です。ここからわかることは、コミュニケーションの手法は様々ありますが、すべての人に適しているとは言い切れないということです。

管理職は、まずは部下の価値観を見極め、部下に合わせたコミュニケーションを行うことが必要です。OJT指導者のAさんの対応は、積極的なDさんには満足度の高い対応ですが、消極的なCさんにはそれこそ一歩間違えたらモラルハラスメントになりかねません。

日頃のコミュニケーションを通して、相手の価値観を見極め、どのような接し

方をすることが円滑なコミュニケーションに繋がるか柔軟に対応していくことが求められます。ただ情報を共有すればよいというだけではありません。コミュニケーションの成果は相手の反応にあります。しっかりと観察し、相手に合わせることが理想です。ですが、誰もが柔軟に日頃の言動を変えられるわけでもありませんので、その際は個々のタイプを見極め、臨機応変に「人を変える」という手立ても必要であることをご理解ください。

　以前に「○○さん（部下）に指導しているとなぜかイライラしてきて語調が強くなる」という指導者がいました。この場合も同じです。人の思考や言動はすぐには変わりません。そのような兆候があるならば、早期対応策は指導者をすみやかに変更することです。

　部下指導のうえで求められるコミュニケーションの第一の目的は、部下の価値観（心のニーズ）をつかむことにあります。

課題6 ┃ 自分の経験談を好む

　上司の無自覚なパワハラのなかには、上司の成功体験や苦労話があります。上司という立場にいる人は、過去に何かしらの成功体験や実績があり、現状に至るまでには多くの苦労もしてきたからこそ、それが評価され現在の職位に就いていると考えられます。

　私自身、上司の成功体験や苦労話は、自分の知らない世界を知ることにもなり、大いに勉強にもなりますので、あえてこちらから質問することもあります。

　しかし、なかには聴いていることが非常に息苦しく、辛い時間となる経験もしました。ただ単に苦労自慢をして自己満足を得ることが目的なのか、自分の苦労話を学びとして今後の参考にして欲しいという気持ちで部下に聞かせているのか、話し手の想いの違いもあるのかもしれません。しかし聞き手側の部下にとって、「成功するには他人よりも苦労することが当たり前」「今できないのは努力が足りない」「結果が出ないのはやる気に欠けている」というように上司の過去と比較し、暗黙のなかで強要することで部下に追い詰められた状況を生み出していたとしたら、これはパワハラに繋がることもあります。

　上司の多くは、経験談を話したくなるスイッチを持っているようです。スイッチを押されると、電池が切れるまで一方的に話し始め、その場の部下はへきえきし嫌悪感を抱くことにもなりかねません。そこで、話し過ぎる経験談は好まれないことを前提に、まずは自分でそのスイッチが入ったと感じたら、過去談は短く終わらせるように配慮することです。そして、部下の意識を変えるように今度は部下に類似した質問を投げかけます。失敗談の後であれば、「○○さんは、そういう状況にはなっていないか？」と聞いてみます。すると、今話した経験談が部下の話を聴くうえでの事例として活きてきます。

　また、成功談を話した後には、「○○さんは、今後どんな仕事をしたいの？」と、部下の描く未来を聴きます。この場合も、上司の経験談から波及して部下もまた夢を語りやすくなり、今後仕事をしてくうえでの目的や目標を考える際のヒントとなり、世代間を超えた会話がしやすくなります。

　人は、「自分の話を聴いてくれた人の話を聴く」傾向があります。上司は自分が話したと思ったら、次は部下にも話をさせるバトンを渡す、というような配慮をすると、「あの上司は自分の経験談ばかり話す。聴いている方は疲れる」といった苦情は聞かれなくなります。

　コミュニケーションは相互尊重です。自分だけが話すのではなく、部下の話にも耳を傾けましょう。自分の夢を聴いてくれて応援してくれている上司と、一緒に仕事ができることは最高の励みになるのではないでしょうか。

コラムVer.1▶人はなぜ経験を語りたくなるのか？

　紀元前四世紀の半ば中国の戦国時代、楚の国でのことです。王が、自国の大臣が外国から恐れられているという噂を聞いて、本当かどうか家臣たちに尋ねました。すると、ある家臣が次のように答えました。「虎につかまえられた狐がこのように言ったそうです。『私を食べてはいけません。私は、天帝から命じられた百獣の長なのです。嘘だと思うなら私の後に付いてきてください。みんな恐がって逃げていきますから』。虎が狐について行くと、確かに動物たちは逃げていきます。虎は自分が恐がられているのだとは気づかずに、すっかりだまされてしまいました。あの大臣が外国から恐れられているのは、王の軍隊を恐れているだけのことですよ」。（出典：故事成語を知る辞典）

　さてこの話、「**虎の威を借る狐**」（とらのいをかるきつね）のことわざの由来と言われていて、中国の史書である「戦国策」のなかにある寓話です。「虎の威を借る狐」とは、強いものの権威を笠に着て威張るズル賢いものの例えに使われている言葉です。力のない者が強い者の権威を頼みにして威張ることとも言えるでしょう。

　おそらく人は弱みを多く持つとその劣等感から、本来の自分ではない強い姿、形に見せようとしてしまうのかも知れません。弱みを取り返すことよりも上手く隠すことが優先するのでしょう。弱く見られたくない心理が、思わぬ「権威」という形に変化してしまうのです。言い換えれば自分を大きく見せたい自己顕示欲が動機になっていることがわかります。「経験談」も同様にその自己顕示欲からくるものと考えます。

　「**俺の若いころは……**」という言葉で経験談を語る人が多くいます。自分の若かったころの経験を武勇伝的に、もしくは悲劇的に取り上げ現代の若者に熱弁するのは、昭和から平成にかけてモーレツに働いてきた高年齢層の人たちです。では、なぜこの年代の人たちはつい「俺の若いころは」と経験談を話したがるのでしょうか？

　ここ数年で「労働時間短縮」「サービス残業禁止」など、働き方改革がどんどんと進んできています。しかし、この年代の人たちは「セクハラ・パワハラは日常」

「24時間働けますか」「俺の背中を見て覚えろ」の言葉を流行らせるほどに働いて成果を上げ、それを成功事例として持っているのです。つまり、この人たちにとっては体に染みついた当たり前の仕事スタイルなのです。ですから、今の社会の変化に対応しなければいけないのはわかっているものの、その環境下での若者の仕事スタイルに納得がいっていないのです。

残業するのは当然で過労死問題が取り沙汰されたころ、強制的に残業を減らすための「定時退社」や「ノー残業デー」「早帰り日」のようなルールを取り入れる企業が増えていきました。このころ、このルールに馴染めず自ら違反していたのもこの年齢層です。「みんな早く帰りなさい！」と表面上は声をかけるものの、こっそりと最後まで残って仕事をやっていました。体に染みついた働き方はそう簡単に変えられなかったのです。

しかし、そのなかで仕事の成果を取ってきた成功体験が、その時代の状況と比較して現代の若者を見下していながらも、心の中では「現代の若年層は楽でいいな」などの一種の嫉妬心があるわけです。自分のこれまで歩んできた社会人生活を顧みて、単に若年層というだけで不快感・不満感をむき出しにしてしまい、「今の若い連中は甘い」といった言葉を強烈にぶつけて攻撃してしまうのです。特にお酒が入るとつい本音が出てしまいます。これが「俺の若いころは」発言です。

以上のように上司の経験談には、自分を大きく見せたい自己顕示欲が動機になる場合と、現代の社会変化から心の穴を埋めたい欲求が動機になっている場合の2つがあるといえるでしょう。

課題7 ▍ 部下が言うことを聞かない、何かとハラスメントと言う

　何かというと上司に「それってハラスメントではないですか？」と部下から指摘されると、必要な注意の1つも言えず、上司側が委縮してしまうことがあります。当事者が嫌悪感や不快感を伴った他者の行為や言動について、「ハラスメントだ！」と過剰に主張する嫌がらせ的な行為を「ハラスメント・ハラスメント（ハラハラ）」と言います。この背景には、組織に法令順守が強く求められるようになったことや、ハラスメント行為の防止に関して教育や認知が進んだことが考えられます。

　実際に、ある組織で仕事の期日を守らない部下に上司が責任をもって取り組むように厳しく伝えたところ、社内の相談窓口に「パワハラを受けた」と相談しており、その管理職が事実確認のために呼び出されたということがありました。このようなことがあるとまともな注意ができなくなり、仕事に支障が生じます。

　仕事を行うには「三面等価の原則」と言われる関係性が必要とされます。仕事を遂行するうえで与えられた「権限」には、「責任」と「義務」が等しく伴い、それぞれを意識することが求められます。何かある度にハラスメントを訴える部下は、自身の責任や義務は横に置き、自分の「権利」ばかりを主張している傾向が考えられます。

　反対に、ハラスメントの被害者になっても、なかなか相談できない部下は、自身のおかれた立場から義務と責任を重く捉えて、「仕事ができない自分が悪い」と反省し我慢していることが多く、権利の主張に欠けていることが考えられます。

　これらの傾向は、ハラスメントという問題以前に「働くということ」や「仕事」に対する根本的な意識や協調性といった指導の欠如がもたらした結果かもしれません。「誰もが働きやすい職場のために制度だけが充実することは望ましいですが、制度のみが一人歩きするようでは困ります。

対策 ▍ パラハラや逆パワハラを防ぐには正しい知識と評価を

　上記のパラハラの問題だけでなく、部下が上司の指示を聞かない、無視をする、暴言を吐くといった逆パワハラといった問題も発生しています。

　多様化が進んでいる今は、上司や先輩という立場と経験則だけで指導ができな

くなっています。今や、トップダウンで指導できる時代ではありません。ですが部下からしてみると、「管理職なのに、こんなこともできないの」「それで、よく管理職になれたな」という思いを抱くだけでなく、反発し、指示に従わないということもあるでしょう。そもそも信頼できていない上司から、ミスを指摘され、注意を受けたら素直に聞き入れ難い気持ちも理解できます。

そこで、職場においてハラハラや逆パワハラを防止するには、次の①～⑤の対策が考えられます。まず、ハラスメントの発生自体の有無に関わらず、<u>①ハラスメントの基礎知識を学び</u>、ハラスメントとなる言動の周知徹底を図ることが大切です。その場の感情任せの言動がハラスメントの起因となっていることが多いことからも、上司や部下を問わず、職場全体で早期に学ぶ機会が必要です。

また、<u>②事が起きる前から「自社としてのハラスメントへの考え方や対策」に加え、「ハラスメントに該当する行為を行った場合への処分」などを明示してあること</u>も防止策になります。特に「どのような言動がハラハラや他のハラスメントになるか」について、継続的な周知徹底、職場の事例などの話し合いや研修会等を実施することも重要です。

他にも、権利を主張する部下は、自分の意見をハッキリと言葉にしますので、注意が与えにくく仕事が進まないという問題が併発することにもなりかねません。自分の主張を優先する背景には、仕事に対する責任と義務を果たすことについての意義や理解などに対して腹落ちしていないことも考えられます。この場合、<u>③早期に指導体制を見直し、仕事の目的を相手に合わせて明確にしていくことが重要です。</u>

さらに、自分に対する評価の在り方に対する不満も考えられます。上司から正当な評価がなされていないと判断することで不満を大きくしたり、不本意な仕事が与えられていると思うと不信感を募らせたりということもあります。

そこで、<u>④日頃からプロセスをよく観察し、よい点を認め褒める、評価する</u>といったことが信用、信頼に繋がります。加えて、<u>⑤管理職自身が自分のできない弱みをオープンにして周囲を頼りにしたり、感謝したりするような関係性</u>が出来ていると、部下も上司のサポートをして力になろうという気持ちになります。これからのリーダーシップは自身の弱みをオープンにし、能力のある人を活かすことができるマネジメントが求められていくことでしょう。部下も得意なことを尊

重されると嬉しいですし、管理職自身においても、そのような生き方ができると肩の力も抜けてストレスも減るでしょう。

　以上、①ハラスメントの周知徹底　②組織のハラスメント対策と規定の掲示③仕事の目的の共通理解（三面等価の原則の正しい理解）④プロセス評価　⑤上司の自己開示、といった５つの関わりが取れていくと、ハラハラや逆パワハラの問題は少なからずとも回避できるのではないでしょうか。

2 ハラスメントにならないための部下指導 （Q&A形式）

Q1 今どきの新人、どのような指導をしたらいい？　昔とはどう違うの？

　ミレニアル世代という言葉をご存じでしょうか。生まれが1981年以降で2000年代に成人または、社会人となっている世代のことを指しており、年齢でいうと20代前半〜30代後半にあたります。この年代の人はインターネットやパソコン、スマートフォンが普及した環境で物心がついたころから生活しています。デジタルネイティブとも呼ばれ、前世代に比べ全般的に情報リテラシーに優れている傾向にあります。そのような背景を持つミレニアム世代は、インターネットでの情報検索やSNSを活用した情報の発信・共有などの高い親和性を持っている世代と言えます。

　また、インターネットやSNSを通し様々な個人の考え方に触れる機会が多く、対面よりも文字での交流による独自の考え方を表現しやすいので個人主義になっている傾向がうかがえます。集団のなかであまり個性を発揮せず、他人との違いを「変わっている」「恥ずかしい」などと捉えることが多かった前世代に比べ、ミレニアム世代は、個人の多様性を当然のものとして受け入れています。

　さらには、SNSなどを含めたプライベートな時間に重きを置いているため、この世代にはフレックスタイム制度や在宅勤務といった柔軟性のある働き方を望む人が多いことが特徴です。組織への帰属意識もあまり高くはないので、転職活動も活発に行う傾向にあります。プライベートな時間を活用し、副業で別の収入源を持つ人もおり、起業やフリーランスといった働き方を選択する人が多いのもその理由です。

　それに代わって、社会変動に対する関心は高い傾向にあります。アメリカの同時多発テロや東日本大震災、セクハラやパワハラの法改正や過労死問題のクローズアップなどを経験し、帰属意識よりも個人として社会を捉え、寄付やボランティア活動への参加など、自身の信条に即した行動をとる人が多いのも特徴です。

　もう1つ大きな違いとして、主に学校生活において怒られることをあまり経験していないことでしょう。団体生活であるがゆえの昔からあるルールに縛られず、個人として意見を述べ判断することを求められる環境で育っているので、あるべき姿を追うよりも他人と違うことがクールであると考え、唯一無二の独自スタイルを好みます。SNSなどのコミュニケーションは活発に行う反面、自分の意見を重視し対面での協調性に欠ける面があるといっても過言ではありません。

　ミレニアム世代の説明はこれくらいにして、本題に入ります。これらの世代の特徴を次のようにまとめ、その特徴に対して苦手な指導の受け方を挙げてみました（図1）。

図1　ミレニアム世代の特徴

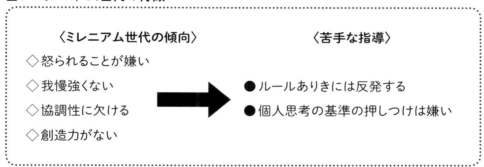

　先述した通り、昔に比べ怒られることが極端に減ってきています。もちろん暴力はほとんどありませんし、怒鳴られる経験も少なくなってきています。ですから、怒られることをとても嫌います。急に怒鳴られたりするとどのように反応していいかわからず、途端に拒否反応を示すことも多くみかけます。昔ならすぐに「すみません！」と頭を下げて反省の気持ちを見せるところですが、それができません。要するに怒られ下手といえるでしょう。

　また我慢強くありません。「忍耐強く」という言葉はこの年代には死語になっているのかも知れません。適度な休憩やアイスブレイクの機会を程よく取りながら物事に取り組むことが多く、どちらかというと新しい情報にどんどん飛びついて飽きのこない生活に慣れていると思われます。「我慢するくらいならさっさと諦めて違うことに手を出す」と効率的な考え方をします。

　協調性はあまり得意なことではありません。個人主義の思考性が高いので、コミュニケーションの取り方としては、人の意見はとてもよく聴く代わりに「私な

らこう考える」と意思表示型になることが多く、ルールに縛られたり他人から強要されたりすることを極端に嫌います。

逆に、個人主義の思考性が高いわりに創造力はあまり発揮しません。自分の意見を言うことには長けているものの、それを他人に押し付けたり、新しい考え方に協力して何かを創り上げたりしていく創造的なことはあまり得意ではないでしょう。個人主義であるがゆえに「仲間の中で目立つ存在」である必要性がない年代ともいえます。

このような年代の特徴から、「ルールだから」という指導にはものすごく反発しやすいのがわかります。まさにルールありきでの指導は通用しないと言ってもいいでしょう。また、個人の考え方の押しつけも嫌います。「私だったらこうする」や「今まではこうした」などの言葉には敏感に反応し、「あなたはそうかも知れませんが」や「それはあなたのやり方ですよね」といった言葉が出やすい特徴があります。さらに、抽象的な言い回しはまったく響きません。例えば「いい加減にしなさい！」「これでいいと思っているの？」「いったいどうなっているんだ！」などの注意を受けても、どれくらいの加減が妥当で、正しい方法は何なのか、どうすればいいのかがわかってないので、より具体的な会話が必要になります。表面上は沈黙でも心の中は反発心が沸いているでしょう。ここでのポイントは心と心の接近が必要だと考えます。

では、どのような指導がいいのか具体的に4つの視点から述べていきます。

① **「知る」**
② **「見る」**
③ **「聴く」**
④ **「問いかける」**

まず1つ目の**「知る」**です。部下のことをよく知ることから始めていきます。部下が知っていること知らないことを正しく確認し、知らなかったことはしっかりと教える必要がありますし、知らなかったことをわかってあげるだけで、部下は安心感を持ちます。安心感を持った部下は心が少し接近してきます。

　次に**「見る」**です。部下の仕事についてよく見てあげることです。具体的な会話や動作、仕事の進め方や行動などを細かく観察しましょう。多くの方が間違ってしまうのは「結果がすべて」という考え方です。やり方はどうでも結果さえ出せばよいとの考え方はこの年代には通用しません。その言葉は、誰にでも通用する言葉でいつでも使えることから、自身の心に響いてこないからです。「結果」を評価するよりも、「行動」を評価してあげる方が喜びは大きくなります。「私のことを理解してくれている」と思えることが心の接近になっていくのです。

　3つ目の**「聴く」**については、部下をよく観察したとあと、その知りえた状況からすぐに指導に走ってしまうと心が離れてしまいます。それは、「あなたの考え、視点です」と思われるからです。この「聴く」とは、見た情報との整合性を合わせるために、部下の指向や進みたい方向性などの心の内を深く聴いてあげることです。まずはしっかりと共感して理解を示すことがとても重要になってきます。

　最後に**「問いかける」**です。「なぜそのやり方なのですか？」「これについてどう思っていますか？」と質問を投げかけることで、本心が見えてきます。部下が本心を喋れるようになると、その部下は急速に心を開きます。この心を開けるようになることが大きなポイントで、部下が自身の言い分を尊重されていると思えたとき、あなたを話し相手として初めて認識していくといっても過言ではないでしょう。

Q2　同じミスを繰り返す部下、注意の仕方は?

　同じミスを繰り返す部下を見るのはとても辛いことです。「なぜまた？」と思ってしまい、怒るどころか突き放したい気持ちになることもあります。しかし、ミスをした本人はどんな気持ちなのでしょうか。おそらくコトの重要性は認識していますし、申し訳ない気持ちであると思われます。しかし、ミスを起こしてしまうこと自体がプレッシャーになり、改善意欲よりもミスをした事実から目を逸らしたい気持ちの方が強くなっているのではないでしょうか。本人にすれば、できればその問題には触れたくないですし、また起こらないことを祈るばかりで、事実に蓋をして見ないようにしていることが考えられます。

　そこで指導者たちは、部下がそのような気持ちでいることを察したうえで接し

ていかなければなりません。本人に素直に自分の問題として捉えてもらい、指導の立場からはそのことを手助けしてあげるスタンスを前面に出して接することが求められます。

　では、実際にどのような方法で部下の心を開かせて注意を促していくとよいのか、7段階の手法で説明をします。

（1）指導側の心を開示する

　声かけの最初に「実は、なかなか言い難いことなのだけど……」と前置きをすることで、私も困っている姿勢を見せることが大切です。「どうしても直接話しておきたいと思っていたのですが」などの言葉も効果的で、伝える側が注意を促すうえで抱えている心の思いを言葉で明確に伝えましょう。

（2）部下を尊重している気持ちを出す

　「いつもあなたの早い仕事ぶりには感謝しています」と具体的な行動に適した感謝の気持ちを伝えると、部下が聴く耳を持つようになります。ミスは誰にでもあります。そのことだけで部下を責めるのではなく、それ以外にはよい仕事をしているはずです。そこを褒めることで普段から関心を持って見守っていることを感謝の意と共に伝えるのです。本人はミスを取り挙げられて仕事ができないとの「レッテル」扱いされることが一番いやで、そこから目を避けたいからです。

（3）指導側の不行き届きの可能性も認める

　ミスの原因が指導不足である可能性もあります。正しいやり方を知らないかもしれないし、間違って伝わっていたかもしれない。その点には目を向けずに部下のミスばかり責めていたら、本人の心はどんどん遠ざかってしまいます。1回目のミスのときは「どうやればいいですか？」と質問できたかも知れません。しかし2回目以降になると叱り方も強くなってくるので、改善点を聞けなくなってしまう状況に置かれていることも考えられます。ここでは、「私の指導も不足していて申し訳なかった」と指導側のミスもしっかりと認め、お詫びを言葉にしましょう。この姿勢を見せることは、部下にとっても潔く非を認め謝ることのよい手本として学びにもなります。

（4）事実だけを明確に伝える

　「ミスは3回だな……」と事実だけを伝えます。「もう3回もミスしたではないか！」と「もう」の言葉をつけると「責められている」気持ちになり、改善よりも逃避したい衝動にかられます。それを言葉にした上司からも心が遠ざかっていきます。事実だけを認識させて、原因究明をしていくような発展性が期待できる会話に導いていくことが肝要です。

（5）指導側の気持ちを素直に伝える

　「このミスは顧客に迷惑がかかっているだけでなく、あなたの信用を失うことにもなると、この先の仕事にも影響がでるので私も辛い思いです」などと、顧客の立場だけでなくミスをした部下に対して心配している気持ちを出すと効果的です。「私が困っている」と伝えてしまうと、部下は「どうせ自分と仕事が大事なんだよな、私たちのことは関係ない」と部下自身も他人事の感覚を抱くようになりますので、当事者意識を持たせることが大切です。「顧客のためだけでなくあなたのためにも一緒に改善策を考えよう」との姿勢を出すようにしましょう。

（6）具体的なお願い事項を伝える

　この段階まで進むと部下はだいぶ聴く耳を持つ姿勢ができています。そこで「具体的には○○を今後△△して欲しい」としっかりと改善策に向けての依頼事項を伝えていきます。最初から「こうしなさい！」という伝え方では、まったく聴く耳を持たなくなるので危険です。

（7）期待値を伝える

　最後に部下に対して改善できたときの期待値を伝えます。「もしこのミスが無くなれば、あなたにはきっと顧客からリピートが来るようになるよ」などの効果を伝えるとよいでしょう。「仕事にやりがいを感じるようになるはずだよ」という声かけも効果的です。

　さあ、いかがでしたか。「これほど7段階も必要？」と思う方もいるかも知れませんが、人を指導することはそう簡単ではありません。人を動かすにはその原動力となる気持ち、意思を動かすことから始まるので、そもそもこのような手順が

必要なのです。「直せ！」と言って改善したとしてもそれは指導ではなく、権威や強制力により部下は反発心を持ちながらも行動しただけのことになります。この「反発心」を職場コミュニケーションで極力少なくしていくことが、ハラスメントを減らすことにつながっていくのです。

Q3 小さなことにも気にする部下、ハラスメントにならない叱り方って？

　ハラスメントでは、部下への叱り方に対する相談も多く寄せられます。ここ数年では、若手からの質問に「モチベーション維持、向上の方法」に関することが増えています。仕事で失敗したときだけに限らず、周囲からの心のない言葉にも敏感で、「気持ちの切り替え方などよい方法はありますか」と度々聞かれます。話を聞くと、ずいぶんと些細なことから、深刻な問題まで多岐に渡ります。そのため、どのような相談も疎かにはできません。

　なかには落ち込むだけではなく、なかなか立ち直れないために仕事に支障が出てしまうという内容もあります。仕事のミスだけではなく、休んでしまうことにまで発展することもあり見過ごすわけにはいかない問題です。

　コミュニケーションの目的は、意思の疎通や情報の共有だけでなく、部下の価値観を理解し、今後のコミュニケーションに活かしていくことが求められます。そこで、部下のタイプを見極め、言い方に気を付けながらどんなに優しく注意をしたとしても、部下自身が注意を受けた行為自体に敏感で、その過剰な反応にまるでパワハラをしたかのような悪いことをした気持ちになることもあります。事情を知らない周りの人からすれば、まさにパワハラと思われることもあるかもしれません。そのように考えると、「ミスを注意したくてもできない」という現状に置かれます。これでは戦力を育てるどころではありません。

　仕事のミスを起こしたり、お客さまに叱られたりした際も同様です。周囲は励まそうとあれこれ声をかけますが、自分を卑下し落ち込むばかりの様子を見ると、かける言葉もなく困ってしまうことでしょう。なかには「私にはできませんので辞めさせてください」という事態や、「最初に断った通り、私には無理ですので、他の人に頼んでください」と、仕事を任せた上司が悪いような態度に困惑してしまうこともあります。上司からしてみれば、原因からプロセスを見直し次回につ

なげればよいと思いますが、注意されたことの本質が理解されていないことがわかります。

　他責で物事の解決を促そうとする人は、自分に自信が無いため傷つきやすく、立ち直りが遅い傾向があると言われています。また、自分の処世術の１つとして、落ち込んでいる姿を表現することで、それ以上"責められなくなる"という経験値からの学習効果を使っている人も実際には存在します。

　だからと言って注意しない訳にはいきません。そこで、落ち込みやすい人への注意の仕方は、通常の概念を少し変えて対応しましょう。

（1）信頼できる第三者の前で叱りましょう。

　一般的には「叱るときは人前を避けて」と言いますが、自分の叱り方の正当性も見極めてくれる経験者に同席を願うとよいでしょう。部下と同世代の同席はパワハラと言われ兼ねないので気を付けます。万一、同席が叶わない際には、あえて「録音」を明言し注意を促すことも理由のないパワハラを防止し、自らの防衛策にもなります。

（2）具体的行動に繋がる言葉をかける

> 上司：このミスは、これで何回目だ? こんなミスを繰り返されるのは困るな。もっと注意深く、しっかりやってくれないと
> 部下：はい、すみません。※（　）内は心の言葉です。（なんで同じミスを繰り返してしまうんだろうか……、自分は何度注意されてもできないダメな人間だ。他の人に頼んでくれたらいいのに）
> 上司：同じミスをしないためには、落ち着いてひとつずつ、しっかり確認を徹底してやるように
> 部下：はい（そんなこと言われなくてもやっているよ。それでもミスが起こってるんだよ。ミスすることをわかってながら仕事をやらせるのは嫌われているからだ。この仕事は自分には合わないな……）

　この通り、「もっと注意深く」「落ち着いて」「しっかり確認して」という声かけは、管理職として注意を促した気分になる自己満足の言葉です。表向きのよい言

葉の羅列で、この言葉には、実際に何をどうすればよいのか具体的な行動は一切伴っていません。落ち込みやすい人は、過去の経験から認知のゆがみが、当人の落ち込みをまねいている可能性があります。そこで注意やアドバイスを行う際には、「自分にはどうせできない、ダメな人間だ」というような認知の歪みを正すように導くことが必要です。

　例えば「同じミスをしないためには、ひとつずつ、しっかり確認を徹底して」という声かけではなく、ミスの原因を確認したうえで、上司は「取り掛かる前と後に、この部分を確認する習慣を身に付けることが必要だね。意識して確認するためには、仕事の流れをどのように変えたらいいと思う？」と今までの行動パターンを変えさせることが必要で、そのポイントを本人に考えさせることが肝要です。部下は「そうですね。今までも確認はしているのですが、忙しいと形だけで細部をしっかりと精査できていないことが問題だと思います。そこで、例えば事前確認の際に付箋を貼り、完了時に再確認しながら付箋を取るようにしてはどうでしょうか」というような具体的な行動が見えるように促すことが必要です。ここにはさらに、こんな会話が続きます。

上司：付箋では、外してしまったら、実際にそこを確認したどうかが後からは
　　　確証が持てないな……
部下：それでは、マーカーでチェックするのはどうでしょうか。黄色のマーカー
　　　ならコピーした際に邪魔しませんので。もしくは鉛筆で事前確認、事後
　　　確認の2回のチェックを入れながら確認するとか
上司：それもいいね。マーカーもいいけど、2回確認したことがわかるのは鉛
　　　筆でのチェックかな。それなら継続できそうかな？
部下：付箋より簡単です
上司：よし、それなら確認の習慣が身につくまで取りあえずやってみよう。
　　　やってみた後に状況を一度報告してくれる？

　いかがでしょうか？ミスを責められている印象は感じられませんね。叱ることの目的は、「部下の成長のため」になっているかです。仕事の失敗は、現在の仕事の進め方に問題があるとするならば、その原因を正し、行動を変えることが不可欠です。指導で求められるのは、必要とされる行動を増やすこと、そして過剰

な行動を減らさせることです。部下に感謝される叱り方は次の4点です。

> **①目的意識をもつこと**
> **②具体的で行動に結びつくこと**
> **③部下への伝わり方を確認していること**
> **④相手や状況に合わせた指導をしていること**

　ここで欠かせないのは、お互いを尊重した相互コミュニケーション、部下の意識や仕事での現有能力、理解度に合わせて柔軟に指導を行うことです。そして指導した後は、その内容が正しく伝わったか、実践させてみることでその成果がすぐにわかります。指導は「伝える」だけでは自己満足です。部下が「できた」を実感することが何よりも大切で、結果が伴うと部下にも自信が生まれます。自信が持てるとモチベーションにもプラスの影響が出て、部下の内面から態度行動が大きく変化することでしょう。

Q4 依存型で指示待ちの部下、どのような指導を?

　指示待ちの部下には2つのタイプがあると考えています。まず1つ目は、仕事は指示を受けて初めて成立すると考えていて、もともと指示待ちという言葉の認識がないケースです。そしてもう1つは、当人の仕事に対する向上心が気薄で、できるだけ仕事を避けたいと思っている、いわばやる気に欠けるケースです。その部下のタイプによって指導の仕方を変える必要があります。

　最初のケース「仕事は指示があって成立する」タイプの特徴からみていきましょう。マズローの欲求5段階説の考え方を聞いたことがある方は多いと思います。人の欲求には「生理的欲求」「安全欲求」「社会的欲求」「承認欲求」「自己実現欲求」の5段階があり、それぞれの段階の欲求が満たされると次の段階の欲求が発生すると言われているものです。もう少し掘り下げて説明すると、「食べる・寝る」の生理的な欲求が満たされると、「住む・安全を確保する」ことを求めます。それが満たされると「仲間・組織」などに恵まれたいとなります。仲間ができれば「認められたい」という欲求が生まれ、最終的には「夢・目標」などを追いか

けるようになります。

　さて、この「仕事は指示があって成立する」タイプは、この5段階の欲求でいくと「社会的欲求」のところで止まっているような気がします。要は、会社に入ってお金が貰えてそのなかで責務を果たしていければ、それで満足して終わっているのです。次の段階である「承認欲求」は消えてしまっているのです。

　ここで少し考えてみましょう。欲求5段階説はそもそも人が持っている自然な欲求なのではないかと疑問が湧いてきます。これには2つ問題点があります。まず1つは、本人がそれ以上はあえて欲を出さないと思っている問題と、仕事環境や上司がそれを止めさせているという問題です。こうなると思いつくことはありませんか？あえて欲を出さない人の思考は、認められたり褒められたりの経験が少ないことが考えられます。前述しましたが、ミレニアム世代の特徴は個人主義の傾向があるのもこの理由です。もう1つ、組織の仕事環境や上司が止めている問題については、指示・命令が多く何も考えなくても仕事が巡ってくるからです。与えられたことをやっていれば特に何も言われないので、認められることを必要としない環境に育っているのです。したがって、この場合は組織の問題として捉える必要があります。また逆の視点として、指導側からあえて部下の承認欲求を出させない方が仕事は上手く回っていくという、根深い組織環境が大きな課題だと考える必要もあるでしょう。

　このような指示ありきで依存型になってしまった人たちの意識を変えるには、管理・監督職の立場の人たちから意識改革を行うことが必要になってきます。そこで次に、その意識改革のために必要な5つの立ち返るべき考え方を紹介します。

　　①**われわれの使命は何か？**
　　②**われわれの顧客は誰か？**
　　③**顧客の価値は何か？**
　　④**われわれの成果は何か？**
　　⑤**われわれの計画は何か？**

　これは、マネジメントの権威"ドラッカー"の5つの質問といい、この質問の答えを明確にすることでビジネスの成功をもたらすというマネジメントの原点と

もいえる考え方です。加えていうならば、組織、部門単位、担当者ごとにこの考え方に沿った仕事の筋道を考えられなくなったとき、欲求が減少するといわれています。つまり、ただ仕事をこなしているだけでは、いずれマンネリ化してくるということです。このマンネリ化のサイクルに陥っているのが、今の指示待ちといわれる人が増えている組織の要因です。

　それを改善していくには、"ドラッカー"の5つの質問にある組織の使命と顧客を明確にしてメンバーにしっかりと伝えていくことです。そのうえで、「あなたの使命は何か？」を考えさせることから始めなければなりません。社員一人ひとりが考えることも必要ですし、仕事のタスクごとに考えて目標を決めさせていくことも大切です。これを怠って「指示」ばかりに時間を費やしていると依存型の部下が増えていくことに繋がります。特に新人は、ある程度の仕事を覚えてくると壁にぶつかります。多くの人が「このままこの仕事をやっていていいのだろうか？」「何のためにこの仕事をやっているのだろうか？」と思い悩むのも、この目標や使命・役割を見失っているからです。だからこそ、管理・監督職の方は、この考え方を都度メンバー全員で追っていく職場風土を構築していかなければならないのです。

　次に、向上心が気薄でできるだけ仕事を避けたいと思っている、いわゆるやる気に欠ける人の指導方法です。この場合は最初のケースと少し切り口を変えなければなりません。最初のケースでは組織での対応と仕事の与え方にありますが、後者のケースは人間性や生き方的なメンタルに要因が考えられます。個人としての更生が必要になってきます。

　著者がコンサルティングをしているある企業の新人が1年経過後に、「僕は指示を受けるのがあまり好きではありません。だからできるだけ自分で進んで仕事がしたいです」と訴えていました。発言が気になり、その上司から現場での仕事ぶりを聞きました。すると、こんな意見が出てきました。「いつも私から見えないところで仕事をしていますし、お客さまからも声をかけられないように目立たないようにしています。おそらく仕事を増やしたくないのでしょう」とのことでした。この普段の状況から推測するに、本人の発言は「指示を受けるのが好きではない」ではなく、「仕事を増やしたくない」防御策として訴えていたことが予測できます。さあ、このケース何が問題だと思いますか？多くの組織でこのような

人に対し、営業現場からは「人事の採用の問題だ」との発言を耳にしますが、そもそも個人の資質に問題がありそうですね。少し観点を変えて考えてみましょう。

　本人の育ってきた背景はどうなのでしょうか。家庭環境までは踏み込めませんが、元々持っている性格が影響していそうです。この新人の周囲とのコミュニケーションを観察してみると、仲間から避けられている場面を見ることがよくあります。例えば、ある仕事に対して反発していることを主張するために、「こんな仕事やってられないよな」と、相手をネガティブな方向に仕向けようとしています。前もって自分の行動に悪影響を及ぼすことをできるだけ避けたいのでしょう、自己防衛欲がとても高いと推測されます。このようなタイプの人には、上からの押さえつけは逆効果です。個人面談において、とことん意見を聴いてあげて仲間として手助けする姿勢で話し合うことが必要です。そのうえで、「あなたはどのような人になりたいのか？」「将来は何を目指しているのか？」「もしそれを達成したらどんな自分になっているのか？」など、人としてどう生きていきたいかという話をしながら、仕事としての姿勢を見直すよう促していかなければなりません。少々時間がかかりますが、心から話し合える友人が少ない傾向もあるので、真の意味での相談役になっていくことが不可欠です。これは、組織としての役割以前に人として接することを大切にして、スムーズな仕事関係につなげていく策でもあるのです。

　いくら指示待ちの人でも、長い仕事人生のなかで時間とともに「これではいけない」と感じ始めるときがきます。そのきっかけは、友人、知人、社会のなかから影響を受ける受動的な物事から始まります。あなたとの関わりがそのきっかけになれたら嬉しいと思いませんか。

コラムVer.2▶どうして指示待ちが多いのか？

　著者が実施する研修のなかで"エンパワーメント"の手法を活用して、組織活性化への提言を行うことがあります。エンパワーメントとは、人や組織が本来持っている潜在能力を引き出し、「権限委譲」や「能力開花」につなげる手法のことで、人の自律性の向上や能力の発揮、意思決定の迅速化を図っていくものです。もう少し簡単に言うと、人の成長段階に合わせた効果的な関与を行うことで、その人本来の能力を効率的に発揮していく手法です。

　では、その手法に基づいて指示待ちが多くなる要因をかみ砕いていきましょう。
　初めて組織に入り新しい仕事に就く新人から、長い間経験を重ねて管理職になるまで大きく4つの成長段階があるとします(**図2**)。

図2　管理職になるまでの4つの成長段階

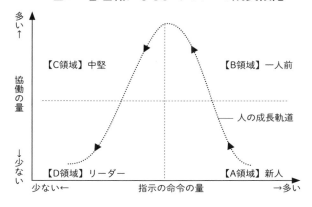

　まずA領域にある新人は、指示・命令を多く必要としますが、どちらかというと自分で見て覚えて勉強することが多いので協働することは少ない領域です。人の成長はこの段階からスタートするので「人の成長軌道」の線はA領域からスタートしています。

　新人からある程度仕事を覚えると、人の成長軌道がB領域に入ります。指示・命令を多く出さなくてもできるようになり、仲間や上司との協働が増えてきます。その仕事のなかでの存在感も大きくなります。

　仲間からの信頼が高まると、中堅として周囲の見本となるような仕事ができる

ようになります。それがC領域で、指示・命令が減り仲間との協働のなかで次期リーダーとしての役割が身についていきます。

　D領域に入ると、ほとんど指示・命令をされることなく、協働よりも指示を出す側のリーダーとしての仕事に回り、メンバーたちの仕事ぶりを指揮していきます。これが4つの成長段階です。

　では、次にあなたが管理職としてこの成長段階の人にどのように関与していくかの観点で見ていきましょう（図3）。

図3　リーダーが新人の成長にどう関与するか

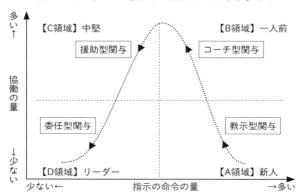

　まずD領域から解説していきます。D領域のリーダーには「委任型」の関与をしていきます。仕事の範囲や分担を決めて積極的に権限の委譲をしていきます。組織としての目標設定から方針や手段までも自主的に考えさせ行動させる自律型の人材育成が求められます。この領域の人には、不用意な指示・命令による干渉は極端に嫌がられる傾向にあります。したがって、仕事を任せる代わりに正当に評価する手順を追うことによりやりがいを生み出すでしょう。

　次にC領域の中堅です。この人たちには「援助型」の関与をしていきます。仕事の習熟度が増してきているので、その上司は全面的な信頼を寄せ、自身が設定した目標を達成できるように援助をしていくのです。随所で進捗確認を行いながら、ゴールまでの道のりをブレないように導いていきましょう。新しい業務などへのチャレンジや新しい解決手法に対し助言を与えると、よりゴールへの意欲が増していくでしょう。

　B領域の人たちには「コーチ型」の関与がいいでしょう。これはコーチング手法と呼ばれているものです。一通りの仕事ができるので、指示を減らし自ら意欲的に業務が進められるよう導いていきます。ここでは「質問」で「気づかせる」ことです。仕事の方向性は間違っていないか、どのようなやり方が正しいのかを聴き取りながら、具体的な手法を本人に考えさせることが次への段階の大きなステップになります。ここで指示を優先させると、のちのち考えることができない人が育っていくので気をつけましょう。本題である「なぜ指示待ちが多いのか？」の1つの答えがこのB領域の人たちへの質問力の欠如です。徹底的に考えさせ自分で答えを導き出せるように育てていくことが肝要です。

　最後に新人の領域です。「教示型」の関与であると図に示しています。教示とは、コーチングとは逆にティーチングであり、教え示すことです。「これをやりなさい」と指示をしてもやり方がわからないからそのやり方を教えることが教示になります。ところがこの教示の仕方に大きな落とし穴があるのです。

　「この書類の保管場所はこの棚の2段目に入れるルールなので、使用後は必ず規定の場所に戻してください」と教示したとします。おそらく新人は間違いなくそのルールを確実に守り次からは実行するでしょう。では、棚がいっぱいになったとき、書類が厚くて入らないとき、その書類での仕事が長引き棚に戻すのが遅れたときどうするでしょうか？実は、単純な指示で育つと、状況が異なった場合に判断がつかず応用が利かなくなっているのです。結局はミスを叱られ、「今度から棚がいっぱいになったらこうしなさい！」と指示を受けないと行動が取れなくなるのです。これが、新人に対する教示の大きな指導ミスです。仕事を教える（教示する）際に、本人が理解できるようその仕事の意義・目的を伝えることを怠らないようにしましょう。教わった通りにしか仕事ができないようにならないためにも、仕事それぞれに「何のために、誰のためにここにしまうのか？」と目的や意図を明確に伝えることが大切です。

　管理職から部下指導の悩みを相談される？ことがあります。「中堅クラスになっても自分で考えて仕事をする人が少ない。もう2年も経つのだからこれくらい判断ができるだろうと思われることができなくて困っている」と言うのです。そこで、そのような管理職には著者は決まって同じ質問をしています。「2年間経ってそれが判断できないのは誰のせいですか？」と、すると過去すべての管理職は言

葉に詰まってしまいます。なぜならその原因は、2年間、指示・命令だけで部下を動かしていた上司、つまり管理職にあるからです。

　新人にはまず仕事の意義・目的である「何のためのこの仕事なのか」を納得できるように教示しましょう。一通りの仕事を覚えてきたら、意義や目的を理解したなかで、今後どう進めていくのか自分で考えさせるために、多くの質問を投げかけて気づきを促していきましょう。考える力、考えさせる力が人の成長に寄与するのです。このような自らが考え行動する力を養う風土をつくっていくことがハラスメントを減らしていきます。

3 ハラスメントが起きてしまった場合の早期解決策と、社内コミュニケーションの活性化策（1on1ミーティング、風通しのよい職場風土に変える）

❶ ハラスメントの芽を摘む方法：「部下への声のかけ方」

　ハラスメントが継続するとメンタル面にも影響が出てくることがほとんどです。メンタル面への影響は、本人だけでなく組織にも大きな影響を与えてしまうので、早期発見と対応が求められます。もちろんハラスメントを受けている本人に対し、「嫌ならハッキリ言えばいい」とか、「相談すれば」と自ら行動することを促す意見もありますが、そこには当事者にしかわからない言えない心理が伴います。

　例えばセクハラであれば、「恥ずかしい」という気持ちだけでなく、加害者との関係性や周囲の反応を考えるとなかなか言えないこともあります。またパワハラであれば、期待通りに結果を出せていない自分を反省してしまうか、そもそもパワハラであることに気づけていないこともあります。

　そこで、これからは働きやすい職場づくりのためにも一人ひとりが周囲の言動に注意し、お互いがハラスメントの芽を早期に摘む意識を持って行動することが求められます。怒鳴る、殴るといった行為であればすぐにパワハラだと判断が出来ますが、年々そのようなパワハラは減少し、最近では一見表面化されないハラスメント（モラハラ）が増えているので早期発見が難しくなっています。

　そこで、早期に対処するためには周囲が部下の変化に気づくことが重要です。変化に気づくための着眼点は、メンタルヘルス不調者を早期に発見するための知識と、部下の心の状態に気を配る努力が必要となります。さらに、部下のメンタルヘルスの不調に気づいたら、迅速に適切な対応を取る実行力も求められます。メンタル不調の影響が表れやすいと言われているのは次の4つです。

よ・弱気…………**自信なさ、覇気**
し・失敗…………**単純ミス、繰り返す**

の・能率低下…………根気、集中力
や・休み……………遅刻、休みがち

　頭文字をとって「よ・し・の・や」と覚えておくとよいでしょう。一般的に勤怠の乱れに出やすいことから、初期の段階で気が付いたら様々な原因を考えてコミュニケーションを取りプライベートの問題か職場内の原因か見極めていくことが望ましいといえます。また、これらの原因は体調面にも出てきますので、不眠、頭痛、肩こり、食欲不振、過度な飲酒、喫煙など、ストレスを原因としていることが十分に考えられます。当事者との話のなかで上手く聴き分けていきましょう。

　しかし実際、初期に気づくということは容易ではありません。気づきの感性を高めるには日頃の変化に敏感であること、平常時からの変化に気づくことが必要です。つまり何かあってから慌てて観察したのでは遅いですから、恒常的に部下を観察しコミュニケーションをとっていることが大切です。毎日の挨拶や声かけをしながら、普段の表情や顔色、姿勢、服装、声の調子、雰囲気などを把握していると、不調の際にはいち早く気づけるでしょう。また同時に部下からも相談しやすい関係ができていると考えられます。

　では、変化に気づいた際はどのような声かけが望ましいでしょうか？「あれ？体調悪そうだけど大丈夫？」「今日は元気ないけど大丈夫？」「今日は遅刻ギリギリだったな。大丈夫か？」と、「大丈夫？」と声をかける人は多いのですが、この問いの返事はほとんど「大丈夫です」となり、本質に触れることができません。メンタルヘルス不調の初期は本人でさえもただの体調不良としか思っていないことが多かったりします。

　そこで変化に気づいたときは本人にも気づかせることから始め、その原因となっている問題を明らかにしていくことが必要です。そのための質問話法はこの通りです。

よ・弱気………… 「元気がないけど、いつもと違うね」
し・失敗………… 「続けて2回も同じミスするなんて〇〇さんらしくないね」
の・能率低下……… 「顔色悪いな、疲れているようだね」
や・休み………… 「休みを取った後に『体調はどうですか？』」

このように、平常時と違うことを明確に伝え「どうした？何かあったのか？」を具体的に聴いてみるとよいでしょう。本人にも、ただの体調不良ではない本当の原因となる問題に気づかせることにも繋がります。

　部下の不調に気づかず、メンタルヘルス不調に陥らせてしまうこと、優秀な人材を失うこと、また気づいたとしても「相談したのに何ら解決の糸口も得られなかった」というようなさらなる追い打ちを与えてしまうことが無いように、相談窓口や対策等も早い段階でわかりやすく周知しておくことも肝要です。

❷ 働きやすい職場づくりのために：「対処・防止・予防の対策」

　ここまで、対個人としてハラスメント対策を述べてきました。ここからは、環境面からどのように組織づくりをしていくかについて考えていきます。その前提としてあるのが、職場において **「ハラスメント相談員」** を選任することです。なぜならば、令和2年6月に施行された法改正により、「職場におけるパワーハラスメントやセクシュアルハラスメント、妊娠・出産・育児休業等に関するハラスメント防止のために事業主が雇用管理上講ずべき措置」が定められたからです。そこには、パワハラの防止措置として、（1）事業主の方針等の明確化及びその周知・啓発、（2）相談に応じ、適切に対応するために必要な体制の整備、（3）職場におけるパワーハラスメントに係る事後の迅速かつ適切な対応、（4）そのほか併せて講ずべき措置が定められ、合わせて「事業主の責務」も明記されています。したがって、職場におけるパワーハラスメントを行ってはならないことなど、これに起因する問題に対する労働者の関心と理解を深めること。その雇用する労働者が他の労働者に対する言動に必要な注意を払うよう研修を実施するなど、必要な配慮を行うこと。また、事業主自身(法人の場合はその役員)がハラスメント問題に関する関心と理解を深め、労働者に対する言動に必要な注意を払うことが求められています。

　この法的措置に基づいてハラスメント相談員の活動を推進していくことをおすすめします。

（1）ハラスメント相談員の役割

　ハラスメント相談員は，ハラスメントに関する苦情相談に対しそれらの状況を

いちはやく察知し，その解決のために相談者と人事部および監督者などとの接点としての役割を担うことが期待されます。また、組織全体の活性化のために、注意喚起や予防策を講じるためのよき影響者を担っています。相談員は真摯な態度で相談を聴き、発生した問題を解決に導くための一員であることがまず求められます。また、相談後も必要に応じて相談者および被害者とされる者のサポート役を務め、その後の経過等について随時説明をしていきます。問題が発生した場合は適切な対処方法と防止策を講じるための注意喚起を行い、ハラスメント撲滅に向け、コミュニケーション活性化の取り組みやルールづくりを提案し、自ら率先して行動して、よい影響力を与える存在にならなければなりません。

（2）相談を受ける際の基本的な心構え

　3つの約束として、①秘密厳守、②相談者尊重、③加害者への先入観排除、があります。相談者および加害者とされる者双方の公正で中立的な立場を取り、客観的に問題を捉え適切かつ効果的な対応が求められます。また、事態を悪化させないための迅速な対応は不可欠です。相談者からの相談のみで一挙に解決を図ろうとする独断的な行動は控えましょう。さらには、加害者とされる者を憎んだり、裁いたりすることは相談員の役割ではありませんし、感情に流されることは禁物です。関係者のプライバシーや名誉その他の人権を尊重するとともに、秘密を漏らすことは絶対に避けなければなりません。

（3）相談があったときの対応方法

　まず前提として、ハラスメント相談が周囲に知られないよう遮断された場所を設定し、2名（異なる部署、同性）で対応すると相談者に安心感を与えることができます。また、1回50分以内の面談で終わらせ、複数回に分ける配慮も効果的です。

●面談のステップ
①自己紹介を丁寧に行う
②プライバシーの保護について約束し安心させる
③相談に訪れた事情の大枠をたずねる
④相談者の苦悩への理解を伝える

⑤複数で相談に対応することの了解を得る

⑥詳細をたずね、再確認しながら聴く

●**傾聴方法**

①共感

②質問

③共感

傾聴でのポイントは、面談の初めに「何があったのですか？」「どうしたのですか？」といきなり本題を聞き出そうとせず、「本当に勇気をもって来てくれました」「大変な思いをされたでしょう」などと、共感の言葉をかけてあげましょう。「あなたの気持ちを理解している」との姿勢を出すことが、心を開いて話してもらえることにつながります。

共感を伴いながら下記の注意点に掲げた点などを掘り下げて質問し、質問の回答に対しても共感を示していくことで、相談者にとって話し難いことを話しやすく促すことができます。これが話の真意を聴き出す傾聴の進め方です。

●**注意点**

①主語を確認しましょう。「私、みんな、○○さん」なのかをはっきりさせます。

②語尾を確認します。「された」「されたようです」「されたと思います」「されそうです」「された気がします」など、不鮮明にならないようにします。

③頻度が大切です。「○月○日○時、いつも、常に、たまに、時々、かなり前」なのか確認します。

④当事者は上司、同僚、部下なのかどのような関係かを確認します。

⑤相談者はどのように感じたかの感情を表現してもらいます。

　※人によって異なるであろう快・不快な行為を感情表現で明確にします。

⑥相談者は，加害者とされる者に「反抗した」などどのように対応したかを確認します。

⑦相談者はどのような解決方法を望んでいるかを聴き、最後にまとめます。

（4）ハラスメント相談員の「対処」「防止」「予防」策

ハラスメント相談員の仕事の進め方は「対処」「防止」「予防」の段階で考えて

いくことです。

> **「対処」：発生状況に合わせて適当な措置をとること……懲罰**
> **「防止」：好ましくないことが起こらないようにすること……注意喚起**
> **「予防」：悪い事態が起こらないように前もって防ぐこと……ルールづくり**

この３つの視点で働きやすい環境づくりについて述べていきます。

まず「**対処**」ですが、相談員の役割は懲罰を与えることではありません。懲罰に相当するかしないかのジャッジを人事部に正確に伝えることが役割です。公平に正しく情報伝達することが求められます。そのうえで、前述で述べました（１）〜（３）までの役割と心構え、対応方法をまっとうすることが不可欠です。相談者は想像以上に悩み苦しんでいることを念頭において、助けてあげましょう。

次に「**防止**」についてです。ここからは具体的な相談員の取り組みが必要になります。起きてしまったハラスメント事例を基に、当事者のプライバシーにも配慮しながら、どのように注意喚起していくかが大きなポイントになります。その具体例を挙げてみます。

> ■ **起きた事例に対し、その原因と対策について発信をする**
> ■ **起きた事例が隠れていないか、情報を集めるための発信をする**
> ■ **過去に起きた事例を集め、定期的に注意喚起を促す**
> ■ **社内報や連絡網などを利用し、相談窓口に対する認知を高める発信をする**

他にもまだあると思いますので、人事部と連携をしてよりよい方策を考えていきましょう。著者の経験では、毎月定例会として「ハラスメント情報共有会」を設け、実例を取り上げて対策を講じたり、情報発信の方策を取り決めたりできる部門を跨いだ話し合いをしていました。是非、参考にしてください。

最後に「**予防**」です。これは事態が起こらないように前もって防ぐ方策です。ルールづくりを念頭に考えていくとよいでしょう。これもある組織で取り入れて

いる事例を紹介します。

予防対策事例❶：指導場面における言葉の使い方活動例

▶「コミュニケーションの仕方を変えましょう」の会話例発信

◆次の会話をハラスメントになり難い言葉に変えましょう！

〈 ハラスメントになりやすい例 〉　　　　〈 ハラスメントにならない会話例 〉

① どうしてこんなミスしたんだ！　➡ どうしたら防げた？

② 前にも同じこと言ったよね　➡ 3回目だけど、どこまでは理解できている？

③ もういいよ、後は私がやるから➡ ここまでは責任もってやってください。後
　　　　　　　　　　　　　　　　　は私に任せて

④ これだからおまえはダメなんだ➡ 職場にとってこれはよくないことだと思う

⑤ これくらいさっさとやれよ！　➡ 早くやってくれると助かるんだ。遅れると
　　　　　　　　　　　　　　　　　周りにも迷惑になるよね

⑥ おまえ邪魔なんだよ！　➡ 私はあなたの仕事がスムーズになると、
　　　　　　　　　　　　　　みんなが助かると思う

　　　　　　　　　　　　➡ 私はあなたがその場所を空けてくれると
　　　　　　　　　　　　　この仕事がやりやすくなる

　このように、咄嗟に出る感情的な言動は具体的に相手目線で理解・納得できる言葉を挙げて促すようにすると個々の意識が高まります。普段の言動を振り返り、伝え方を変えるだけでも効果的です。ポイントは、過去を責める言い方から、未来につながる言い方に切り変えることです。人格否定ではなく具体的に客観的にやり方を指導し、「私」や「我々」を主語にして気持ちを全面的に伝えることが望ましいです。

予防対策事例❷：職場例により問いかけで問題意識を促す活動例

▶「あなたならどうする?」の問いかけ例発信

◆あなたの同僚であるA係長の発言に対し、下の問いに答えてください。

「何やってんだ!」とA係長（同僚）の大きな声が聞こえたので振り返ると、どうやらBさんが立たされて注意を受けていました。周りに聞くと、かれこれ30分近く怒られている様子。Bさんは前回も注意を受けていたにも関わらず、同じミスを繰り返したため「なんでまた同じミスをしたんだ!」と聞かれているが、うつむいて下を見たままで無言です。Bさんが何も言わないのでA係長の怒りがどんどん大きくなり、さらに同じ言葉を繰り返しています。必要以上に長い時間の叱責はパワハラになりかねないと思い、あなたが仲裁に入りとりあえずその場を収めました。

① A係長に注意を促すとしたら、あなたはどのような言葉で伝えますか?

　回答例：「Bさんが下を向いたまま無言になっている理由はわかりますか?」

② Bさんに、あなたはどのような声をかけますか?

　回答例：「どこのミスかわかりますか?」「どうしたらミスを防げますか?」

予防対策事例❸：「ハラスメントの芽チェック」のアンケート調査

　職場においてハラスメントが起きていないか、定期的にチェックリストによるアンケートを実施して集めている組織があります。「本人用」と「組織環境用」とに分け、自分自身がハラスメントを受けていないかのチェック項目と、周囲で見たことがないか、噂がないかなどのアンケートを実施し予防を行っているようです（p.68、「ハラスメント撲滅に向けたセルフチェックシート」参照）。

予防対策事例❹：職場のルール化提言策検討

　ある組織では、定期的に情報共有会を実施し、そのなかで出てきた問題に対し

職場内のルール再構築案を検討する場を設けています。朝夕の出退社での挨拶の再徹底や、残業の際の報告ルール改正、ノルマの廃止など、いろいろな新しい方策を取り入れて、常に防止策を発信しています。その他、職員の労働時間管理におけるアラーム発信や、定時健康チェック（メンタルヘルスチェック）を実施する方法や、転勤した人への1カ月後面談などを行って、ハラスメントの芽がないかの調査をしているところもあります。

> **各種ハラスメント対策の参考資料は厚生労働省のホームページからダウンロードできます。**
> 職場のセクハラ対策について
> https://www.mhlw.go.jp/content/11900000/000333510.pdf
> パワハラ防止措置について
> https://www.mhlw.go.jp/content/11900000/000683138.pdf

❸ 世代間コミュニケーションの秘訣：「答えは本人が持っている」

コロナ禍において、組織内コミュニケーションの在り方が急激に変化してきました。オンライン形式でのコミュニケーションが多くなり、それに加えてWEB会議システムにプレゼンス確認やインスタント・メッセージ機能などを統合して一元的に利用できるシステムなど、遠隔でも状況把握が容易に活用できるようになりました。そのような環境下で、ある変化がでてきました。オンライン会議やコミュニケーションの場で、上司・部下の壁、部門の壁が少なくなってきたと感じませんか？従来なら、会議の席順が暗黙のうちに決まっていて、最後に決定権がある人の反応を気にしながら発言することも多くありました。この壁が徐々に無くなりつつあるのです。特にWEB上では上司・部下の隔たりなく自由に発言しやすい環境になってきています。

組織内コミュニケーションのやり方自体も変化しつつあります。最近フリーデスクを取り入れる企業も増えてきました。在宅で勤務する人も増えた関係もあり、

出勤時はどの席に座っても OK のやり方になっています。従来なら、座る場所が決まっていて、いわゆる「管理職の席」が１つの壁でもあり、そこを中心に周りが動いていました。出勤したらまず管理職に挨拶、のような光景も当たり前のように行われていましたが、フリーデスクではその暗黙のルーティンが不要になっています。また、誰とでもコミュニケーションが取りやすいのが特徴で、隣に別の部署の担当者が座ることもあります。ちょっとした雑談から、他部署の仕事への理解が深まる利点もあります。実際にフリーデスクを取り入れている企業では、パソコンの背面に担当部署名と主な仕事、自分の名前を記載して、対面に座った人に見えるようになっています。普段はメール上でしか連絡を取っていない滅多に会わない人に鉢合わせ、「あなたが○○課の○○さんですか。あのときはお世話になりました」と会話が生まれるそうです。

　このように組織内風土が環境面から少しずつ変化してきています。しかし実際のところ職種によってはそのような対策ができない職場もありますし、コミュニケーションの活性化となると、環境改善だけでは解決がなかなか難しいものです。人と人が合い対する根深い関係性を変えていかなければならない点で考えると、世代間コミュニケーションの活性化が必要です。おすすめは「ダイバーシティ＆インクルージョン」です。これは、ダイバーシティの「人材の多様性を認め、活用する考え方」と、インクルージョンの「個人を尊重し、効果的に活かし合う考え方」を合わせたものです。ここでは、世代間コミュニケーションの活性化として４項目の対策を述べていきます。

（1）部下の心のニーズをつかみ主体的な行動を促すスイッチ

　先述した Q ＆ A のコーナー Q ③で述べた「マズローの欲求５段階説」では、人には認められたい承認欲求があり、それを「本人または周りが止めている」とお伝えしました。これは部下の心の内に気づかずに指示・命令だけで動かしていると、承認欲求がなくなるというものです。

　人には誰かに話をする際に「①自分の考えを最後まで興味を持って聞いて欲しい、②自分の考えに理解、共感を示して欲しい、③自分の考えを肯定的に評価して欲しい」という３つの心のニーズを抱いています。この３つが無視されると「自分は必要のない人間だ」と帰属意識や自己肯定感を失いますが、３つに対し肯

定的な反応を得られると承認欲求が満たされ、自己重要感が高まり自信へとつながります。この承認欲求、自己重要感を高め自信を持たせることが、その人の持つ潜在能力を引き出し顕在能力と共に高めていく原動力となるのです**(図4)**。

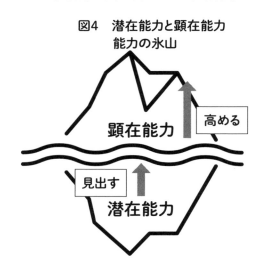

図4　潜在能力と顕在能力

　人の潜在能力は95％あると言われています。それは氷山の一角として表面にはでていないものです。本人も気づいていない能力が隠されているかも知れません。周囲が肯定しているのはあくまでも顕在能力です。管理職は「もしかするとこんな能力を持っているかもしれない」「本当はもっとやりたいのかもしれない」という部下の隠れた能力に期待し、自信を持って発揮できるように導いてあげます。潜在能力を見出し、その能力を顕在化させ、さらに伸ばしてあげることが世代間コミュニケーション活性化への第1ステップです。

　この心のニーズを動かす方法を次に挙げてみます。

・存在に対する承認

「挨拶をする」　　　「共感する」　　　　「名前を呼ぶ」

「変化に気づく」　　「目を合わせる」　　「声かけをする」

「役割を与える」　　「人を紹介する」　　「誕生日、趣味などを覚える」

・行動に対する承認

「褒める」　　　　　「叱る」　　　　　　「お礼を言う」

「謝罪をする」　　　「ねぎらう」　　　　「アドバイスをする」

「期待値を与える」「メール、電話の返事をすぐにする」

・結果に対する承認

「評価する」　　　　「表彰する」　　　「感想を言う」　　　　「形にする」

　決して大きなことではなく、身近な小さなことにも目を向け承認し続けていくことが心のニーズを動かしていきます。進んで挨拶をされることで、「自分からもしっかり挨拶をしなければ」との行動になります。また、褒められることで「このことが評価されるのか」と、その行動に自信を持ち次からより意識して継続、実践するだけでなく、もっと認められたいという欲求から、さらにレベルの高い行動へと意欲が高まるのです。この小さな行動変化が、潜在能力の見出しになっていきます。

（2）目標達成への関与手法

　具体的に実践手法で見ていきましょう。ある課題を解決するために目標設定して遂行しているとします。普段、管理職である方は、その部下に対してどのような関与をしているでしょうか。単に目標を与え、計画を作成し、期限を伝えるだけで終わっていないでしょうか。この管理の仕方では個人主義を生み出してしまい、やり方は度外視してただひたすらに努力を重ねる行為になるでしょう。またそこには、「まだか！」「どうなっている？」「遅い！」などのコミュニケーションが必然的に発生しハラスメントの温床になりかねないことは、先述した２．Q①の通りです。では、どのように関与をしていくのか、次に挙げてみましょう。

　１．今日の目標を立てさせたら、**「その見込み（数字）と手方を聞いてみる」**

　２．今日の行動スケジュールを組ませたら、**「効率的な方法や体調管理などを伝え激励する」**

　３．１日の終わりに振り返りを確認したら、**「労い、褒める、上手くいかないときは要因を挙げさせる」**

　４．明日の行動目標を修正したら、**「その行動の先にある期待値（成果）を伝える」**

このように、目標、スケジュール計画、振り返り、修正を確実に行動に反映できるように行っていきます。これがいわゆる PDCA のステップです。実際にPDCA は計画だけは回りません。ここにあるように、言葉で激励や労いを伝え行動をイメージしてやる気につなげ、「明日は頑張ります」と本人が主体的に言えることが大切なのです。私たちは、PDCA は紙上の計画ではなく、人の関与があって成り立つことを肝に銘じなければなりません。これができるとお互いの心の溝が解消され、話しやすい環境にもなっていきますし、モチベーションも向上させます。これもまた心のニーズをつかむ1つの方法なのです。

（3）コーチング手法の導入

コーチングの語源は COACH（＝馬車）のことで、お客さまを目的地まで乗せて連れて行くという意味合いで使われていました。目的地とはお客さまが望むところ、つまりお客さまが答えを持っています。これがコーチングの原点です。人それぞれに「何をしたいか」の答えは自分で持っているのです。

コーチング理論を最初に考え出した人は、スポーツ界のテニスコーチでした。このコーチは当初、選手に「膝をもっと曲げなさい。腕は伸ばして角度はこうしなさい。相手の動きのここを見て打つ方向を決めなさい」と一生懸命指導をしていました。しかし、選手たちはなかなか上手くならなかったそうです。あるとき、選手の1人が突然スーパーショットを打って相手を倒しました。そのときコーチがこう言いました「素晴らしいショットだ！今のショットではどんな膝の動きだった？腕の位置はどこにあった？相手の動きはどうだった？」といろいろ質問したそうです。するとどうでしょう、選手は「このやり方をしたら上手くいきました！この形だと上手く打てます」と答えたのです。その動きとは今まで教えてきた動きとはまったく違うものだったそうです。それからコーチは「もっと上手くなるには、今のやり方をさらに工夫しよう！」と言い、選手は自分で考え行動するようになりみるみる強くなって大きく成長していったそうです。これがコーチング理論です。

コーチングには、相手の考えを惹き出す「3つの質問」という手法を用います。

1.「拡大質問」：Yes、No で答える質問ではなく、答えの幅を持たせる質問をする

2.「肯定質問」：否定的なことを質問するのではなく、肯定的でポジティブな質問をする

3.「未来質問」：過去を問うのではなく、未来を考えさせる質問をする

実際の例はこちらを参考にしてください。

	NG	OK
「拡大質問」	目標が達成**できそう**ですか？	目標は**どこまで**達成できていますか？
「肯定質問」	どうしてこれが**できない**のか？	どうしたら上手く**いく**のか？
「未来質問」	どうしてやらな**かった**のか？	できるためには何を**する**のか？

　コーチングは、これらの質問の投げかけで相手の答えを導き出していくもので、相手の考え方（潜在能力）を表面化させて、自分で出した答えの通りに行動してもらうことです。

　このような経験をしたことがあります。「この企画書は今月中にやりなさい」と部下に伝えました。普段からその部下は、時間が余ればサボる傾向があり時間が足りなければ手を抜いた企画書を作成していました。そこで単純に指示だけではダメだと思い、次のように聞いてみることにしました。「この企画書はいつまでにやることが望ましいと思う？」と、企画書の背景を説明して答えを求めました。すると「はい、25日に仕上げないと次の仕事に影響するかも知れません」と答えました。まさに正解を知っていたのです。今まで、その部下の状況把握力という潜在能力を潰していたことに気づきました。続けて「〇〇さんはいつまでにできますか？」と尋ねました。すると「27日になってしまうかも知れません」と答えました。この返答から把握できたこと、それはこの部下の企画書を仕上げる能力です。これは大きな収穫でした。その後、27日から2日早めた25日までに終わらせるためのアドバイスや役割分担が始まりました。部下の心のニーズを無視して、指示だけで動かしていたことを猛省し、その後のコミュニケーションのやり方が大きく変化しました。

　答えは必ず本人が持っています。その答えに本人の意思、意見がありますし、それを軌道修正していくことがまさにコーチングであり、管理職の役割・責務で

はないでしょうか。その先には相互成長が必ずあると考えています。

（4）対等に接し相互尊重を目指す

　世代間コミュニケーションの活性化を図るためには、どのような相手でも「対等」に接することが求められます。ビジネスマナーが必要とされる目的は、個人としての印象度を上げることと、組織としての品格を表すことの他に、私たちは「相手と対等に接するため」と伝えています。お互いに利害関係なく対等にビジネスを成立させるためには、この対等に接し合えることがとても重要です。この点は管理者ほど留意が必要です。挨拶や言葉づかいなどのマナーなど対外的には実践しているものの、同じ組織内の人間関係となるとどうしても強さが出てしまい、つい態度が横柄になったり、雑な言葉を使ったりしてしまいます。次に挙げるのはほんの一例です。

- 名前の呼び捨て
- ひやかし
- 陰口
- 大笑い
- 無視
- 飲み会への強引な誘い
- 飲み会での説教
- （メールでの）自己主張
- （メールでの）誹謗中傷

　これらのことは、やっている本人が気づいていないことが多いので厄介です。特に飲み会での説教などはよい例で、説教をされた側は我慢しかないでしょうし、複数人の会であれば他人の前で怒られているようなもので、絶対に避けたいことです。そもそも「たまには飲んでコミュニケーションを深めよう！」と声かけをしている人には、飲み会ではなくもっと仕事現場でコミュニケーションをとって欲しいものです。飲み会ありきではなく、業務上のコミュニケーションありきが原則のはずです。1つひとつの行動を修正する方法もありますが、なかなか指摘できないのが現状です。

したがって、次のような組織内でのルール化づくりをおすすめします。

① 挨拶の徹底や、お願いするときの名前呼びルール「～さん、お願いします」

② 呼び名は全員「～さん」付けする（役職で呼ばないなど）

③ ランチや飲み会では業務指導しない

④ 話し合いの場では全員発言させる

⑤ メールの書き方のルール、TO/CC/BCC の使い分けなどを組織内で決める

このような取り組みはほんの一例ですが、組織内で都度発信し全員で守っていくことがとても大切です。ある飲食店の例ですが、ランチタイムになると社員同士が忙しさで険悪なムードになるそうです。「おい、まだか？」「早くしろ！」「今それじゃない！こっちが先だ！」などの乱暴な言葉が飛ぶようです。お客さまからも雰囲気が悪いと指摘されそうです。そこで仕事中には「名前は、『～さん付け』しよう」「全員敬語を使おう」「お願い事には、最初に『すみません』を付けよう」などのルールを明確にする取り組みをしたそうです。するとだんだん乱暴な言葉が減り、険悪なムードどころかお互いが協力して仕事ができるようになったそうです。

このような取り組みはハラスメントの芽を少しでも摘むことにつながっていきます。根深い人と人との接点においては難しい問題もありますが、根気よく小さなルールから進めていきたいものです。

世代間コミュニケーションの活性化には、「答えは本人が持っている」という考え方をあらゆる場面で浸透させ、相互尊重の関係性を構築できるよう心がけましょう。

エピローグ

「支援」が生む成果とは？

　冒頭で「指示」の言葉を「支援」に変えてみたらどうでしょう。とお話をしました。「指示」が起こす弊害は、個人の考え方や能力を止めてしまう可能性があるとも考えます。もちろん指示が必要なときもありますが、その目的をしっかりと伝えて指示をしていかなければなりません。ハラスメントの起きやすい環境は「人の成長」を考えられなくなったときに発生しやすくなります。組織ビジョン達成のために顧客を支援し、その顧客満足のために部下が成果を上げられるように支援していきたいものです。その過程で生まれるものが「組織と個人の相互成長」だと考えます。

　「支援マネジメント」という言葉を読者の皆さんにお伝えして、この章を終えたいと思います。図5をご覧ください。

図5　支援マネジメントについて

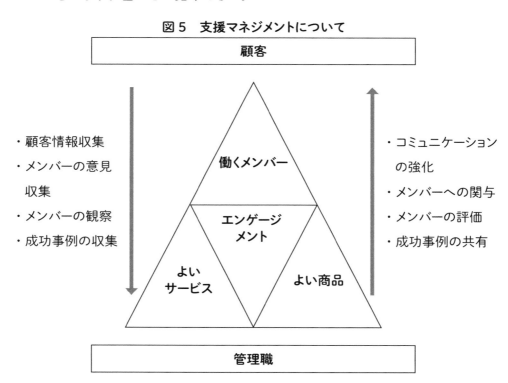

　図5は、支援マネジメントが機能する構図となっています。働くすべてのメンバーが顧客と接点を持っています。この人たちが高いエンゲージメントを持っていないと、顧客への信頼は勝ち取れません。いくらよいサービスやよい商品を持っていても、それが顧客の心に響くためにはメンバーのエンゲージメント（図の中心にある）が不可欠なのです。そのために管理職としての役割は、左に記載してある、顧客からの情報収集を始めメンバーの意見収集、メンバーの仕事ぶりの観察から成功事例の収集をしていきます。そのうえで、メンバーとのコミュニケーションを活性化させ、メンバーへ積極的に関与しながら正しい評価などをしていきます。このサイクルが支援マネジメントです。

　この支援マネジメントを成功させるために、世代間コミュニケーションの活性化があるのです。働くメンバー全員が「反発」「壁」「溝」の無い環境にあってこそ、この構図が成立していきます。するとそこには、組織と個人の成長が育まれていきます。これこそが、「支援」が生む成果だと考えます。

　ハラスメントの根は、組織が本来持っているはずの「使命」を見失っているのかも知れません。「顧客」のために「人」が活躍する職場だからこそ使命が不可欠です。皆様が心豊かな環境でますますのご活躍をされることを願っております。

ハラスメント撲滅に向けたセルフチェックシート 【参考例】

最後にチェックシートを掲載しましたので、参考にしてみてください。

> ハラスメントの発生原因はストレスからの影響が大きいことから、ここではあなたが抱えているストレスの度合いをチェックします。以下の(1)(2)(3)をチェックしたうえで(4)で結果を確認しましょう。高ストレス状態にある場合は、現状の仕事だけでなく普段の生活を見直し、場合によっては産業医に相談することも考えましょう。
>
> ※厚生労働省職業性ストレス簡易調査票簡略版から抜粋

1. ストレスチェックのすすめ
　（ハラスメントの可能性を秘めているかチェックする）

（1）仕事のストレス反応

あなたの仕事についてもっとも当てはまるものに○を付け、その点数の合計を出してください。

項目	そうだ	まあそうだ	ややちがう	ちがう
非常にたくさんの仕事をしなければならない	4	3	2	1
時間内に仕事が処理しきれない	4	3	2	1
一生懸命働かなければならない	4	3	2	1
自分のペースで仕事ができる	1	2	3	4
自分で仕事の順番・やり方を決めることができる	1	2	3	4
職場の仕事の方針に自分の意見を反映できる	1	2	3	4
仕事のストレス反応の合計				

（2）心身のストレス反応の見極め

この１カ月間のあなたの状態でもっとも当てはまるものに○を付け、その点数の合計を出してください。

項目	ほとんどない	ときどきあった	しばしばあった	いつもあった
ひどく疲れた	1	2	3	4
へとへと	1	2	3	4
だるい	1	2	3	4
気がはりつめている	1	2	3	4
不安だ	1	2	3	4
落ち着かない	1	2	3	4
ゆううつだ	1	2	3	4
何をするのも面倒だ	1	2	3	4
気分が晴れない	1	2	3	4
食欲がない	1	2	3	4
よく眠れない	1	2	3	4
心身のストレス反応の合計				

（3）周囲のサポート

あなたの周りの方々についてもっとも当てはまるものに○を付け、その点数の合計を出してください。

項目	上司・同僚	非常に	かなり	多少	全くない
次の人たちとはどれくらい気軽に話ができますか	上司	1	2	3	4
	同僚	1	2	3	4
あなたが困ったとき、次の人たちはどれくらい頼りになりますか？	上司	1	2	3	4
	同僚	1	2	3	4
あなたの個人的な問題を相談したら、次の人たちはどれくらい聞いてくれますか	上司	1	2	3	4
	同僚	1	2	3	4
周囲のサポートの合計					

（4）ストレスチェックの評価

（2）の合計が31点以上の人

（2）の合計が23点以上でかつ（1）と（3）の合計が
35点以上の人

} 高ストレス状態
要面談、産業医相談

2. パワーハラスメントに関するアンケート調査

このアンケート調査は職場内におけるパワーハラスメントに関する社員の意識や実態を把握して、パワーハラスメント防止対策を検討し、取り組んでいくために実施します。個人の特定や被害の事実を調べる目的ではないことを周知徹底のうえで、安心して取り組んでもらえるように伝えましょう。このアンケートを起因としてハラスメント被害が大きくなるような事態にならないよう情報管理に留意しましょう。

※出典:厚生労働省「明るい職場応援団」社内アンケート例
https://www.no-harassment.mhlw.go.jp/jinji/download/

パワーハラスメントに関するアンケート調査

　このアンケート調査は職場内におけるパワーハラスメントに関する社員の意識や実態を把握して、パワーハラスメント防止対策を検討し、取り組んでいくために実施するものです。個人の特定や被害の事実を調べる目的ではありませんので、安心して率直な回答をいただくようお願いいたします。

Q1 性別 ・男性　・女性	**Q2 雇用形態** ・正社員　・正社員以外
Q3 年齢層 　・10代　・20代　・30代　・40代　・50代　・60代以上	
Q4 パワーハラスメントという言葉を知っていますか。 ・言葉も内容も知っている ・言葉は知っているが、内容はよくわからない ・知らない	

Q5 最近1年間において、社内で次のような言動・行為がありましたか。

①身体を小突く、ものを投げつける

・されたことがある　・したことがある　・見聞きしたことがある

・ない

②人前での感情的な叱責

・されたことがある　・したことがある　・見聞きしたことがある

・ない

③人格否定や差別的な言葉による叱責

・されたことがある　・したことがある　・見聞きしたことがある

・ない

④性格や容貌などへのからかいや非難

・されたことがある　・したことがある　・見聞きしたことがある

・ない

⑤悪質な悪口や陰口

・されたことがある　・したことがある　・見聞きしたことがある

・ない

⑥挨拶や話しかけを無視

・されたことがある　・したことがある　・見聞きしたことがある

・ない

⑦必要な情報を与えない、会議から外す

・されたことがある　・したことがある　・見聞きしたことがある

・ない

⑧休暇取得の拒否、残業・休日出勤の強制

・されたことがある　・したことがある　・見聞きしたことがある

・ない

⑨一方的で遂行不可能な業務指示・命令

・されたことがある　・したことがある　・見聞きしたことがある

・ない

⑩必要以上の仕事への監視・関与

　　・されたことがある　　・したことがある　　・見聞きしたことがある

　　・ない

⑪能力や経験に見合わない仕事の常時強制

　　・されたことがある　　・したことがある　　・見聞きしたことがある

　　・ない

⑫私生活についての過度な介入

　　・されたことがある　　・したことがある　　・見聞きしたことがある

　　・ない

⑬飲み会などへの参加強制

　　・されたことがある　　・したことがある　　・見聞きしたことがある

　　・ない

⑭その他（　　　　　　　　　　　　　　　　　　　　　　　　）

Q6　その行為者は誰ですか。（複数回答可）

　　・上司　　　　・先輩　　　　・同僚　　　　・部下後輩　　　・自分自身

　　・その他（　　　　　　　　）

Q7　行為者の年齢層は（複数回答可）

　　・10代　　・20代　　・30代　　・40代　　・50代　　・60代以上

Q8　Q5のような言動や行為を受けたことがあると回答した方へ

　　①そのときどのような対応をしましたか。（複数回答可）

　　・行為者に抗議した

　　・上司、先輩、同僚に相談した

　　・人事部等の社内の担当部署に相談した

　　・しばらく会社を休んだ

・何もしなかった

・その他（　　　　　　　　　　　　　　　　　　　　　　）

②そのとき、会社にどのような対応をして欲しいと思いましたか。（複数回答可）

・行為者を処分して欲しい　　　　・行為者を配置転換して欲しい

・自分を配置転換して欲しい　　　・会社には知らせたくない

・特に要望はない

・その他（　　　　　　　　　　　　　　　　　　　　　　　　）

Q9　Q8①で何もしなかったと回答した方へ

なぜ何もしなかったのですか。（複数回答可）

・職務上何か不利益を被るのではないかと思った

・行為者を刺激しては更にエスカレートすると思った

・何をしても解決しないと思った

・どこへ相談したらよいかわからなかった

・自分が我慢すればよいと思った

・行動するほどのことではないと思った

・その他（　　　　　　　　　　　　　　　　　　　　　　　）

Q10　社内のパワーハラスメント防止の対策についてどう思いますか。（複数回答可）

・職場全体で取り組むべき　　　・問題が起こったら取り組めばよい

・取り組む必要は感じられない　・よくわからない

Q11　パワーハラスメント防止のために会社が取るべき措置について（複数回答可）

①企業トップや幹部の意識改革

・ぜひ必要　・まあ必要　・あまり必要ない　・必要ない

②管理職の意識啓発研修

　　・ぜひ必要　　・まあ必要　　・あまり必要ない　　・必要ない

③一般社員の意識啓発研修

　　・ぜひ必要　　　・まあ必要　　　・あまり必要ない　　　・必要ない

④相談・苦情窓口の設置

　　・ぜひ必要　　　・まあ必要　　　・あまり必要ない　　　・必要ない

⑤就業規則に制裁規定を盛り込む

　　・ぜひ必要　　　・まあ必要　　　・あまり必要ない　　　・必要ない

⑥問題発生時の迅速な対応

　　・ぜひ必要　　　・まあ必要　　　・あまり必要ない　　　・必要ない

⑦適切なコミュニケーションで互いの人格を尊重し支え合えるような
　　職場風土

　　・ぜひ必要　　　・まあ必要　　　・あまり必要ない　　　・必要ない

⑧その他　（　　　　　　　　　　　　　　　　　　　　　　　　　　　）

**Q 12　パワーハラスメントを受けた場合、社内の相談・苦情窓口を利用する
として心配なことは？（複数回答可）**

・プライバシーが守られるか

・相談して異動など不利益な事態にならないか

・問題解決にならないのではないか

・行為者がますますエスカレートしないか

・その他　（　　　　　　　　　　　　　　　　　　　　　　　　　　）

・特に心配はない

Q 13　社内の職場環境について、当てはまると思うことは？（複数回答可）

・朝夕の出退社のとき、挨拶をする人がほとんどいない

・トップや管理職は、自分の職場にはパワハラは存在しないと考えて
いる

・人は厳しく指導することで育つという意識が強い職場だ

・今の職場には失敗やミスが許されない雰囲気がある

・ノルマが厳しい

・目標が達成できないときのペナルティが大きい

・上司に対して、意見や反論は言えない雰囲気だ

・職場の誰かが困っていても、助け合える雰囲気ではない

・職場内での問題について、職場内で話し合って解決しようという雰囲気ではない

・正社員やパート、派遣社員等、様々な立場の人が一緒に働いているが、上下関係が絶対的で、立場を意識した発言が散見される

・人の陰口や噂を耳にすることが多い

Q 14　その他、パワーハラスメントについてご自由にお書きください。

3. ハラスメントの芽チェックリスト簡易版(本人用/職場環境用)

> ここでは、管理者だけではなく、先輩職の人たち向けの自己チェックです。ハラスメントは実際、他人事で「自分はやっていない」と思っている人ほど無意識のなかでハラスメント行為をしており、指摘されて初めてそのことに気づく方が少なくありません。そこで、自己認知のためのチェックリストで確認してみましょう。
>
> ※厚生労働省「明るい職場応援団」社内アンケート例から抜粋

【ハラスメントの芽チェックリスト】 本人用

1 後輩や年下の人から意見を言われたり、答えを先に言われたりするとイラっとする。

2 自分が間違っていたとしても、後輩に謝ることはない。

3 自分は短気で怒りっぽい。

4 感情的になって、すぐその場で叱っている。

5 厳しく指導しないと人は育たないと思っている。

6 なんとなく気に入らない後輩や、目障りと感じる後輩がいる。

7 仕事のできない部下には、仕事を与えない方がよいと思う。

8 業績を上げるためには、終業間際でも残業を要請するのは当然だと思う。

9 できる上司は、部下の家庭環境などプライベートな情報まで把握しているものだと思う。

10 学校やスポーツで体罰をする指導者の気持ちは理解できる。

※このチェックリストは感情的に怒りやすい傾向かを判断するものです。3項目以上該当した際には、日ごろの言動に注意が必要です。

【ハラスメントの芽チェックリスト】 職場環境用

1 朝夕の出退社のとき、挨拶をする人が少ない。

2 トップや管理職は、自分の職場にはハラスメントは存在しないと考えている。

3 人は厳しく指導することで育つという意識が強い職場だ。

4	今の職場には失敗やミスが許されない雰囲気がある。
5	業務上のノルマが厳しく求められ、目標が達成できなかったときのペナルティが大きい。
6	上司に対して、意見や反論は言えない雰囲気だ。
7	職場の誰かが困っていても、助け合える雰囲気ではない。
8	正社員、パート、派遣等、様々な立場の人が働いているが、上下関係が絶対的で、立場を意識した発言が多い。
9	職場内での問題について、職場内で話し合って解決しようという雰囲気がない。
10	人の陰口や噂を耳にすることが多い。

Q. 職場内で次のような言動・行為が見受けられますか?

＜パワハラ職場内アンケート（簡易版）＞

A：されたことがある　B：したことがある　C：見聞きしたことがある　D：ない

①身体を小突く、ものを投げつける	A	B	C	D
②人前での感情的な叱責	A	B	C	D
③人格否定や差別的な言葉による叱責	A	B	C	D
④性格や容貌などへのからかいや非難	A	B	C	D
⑤悪質な悪口や陰口	A	B	C	D
⑥挨拶や話しかけを無視	A	B	C	D
⑦必要な情報を与えない、会議から外す	A	B	C	D
⑧休暇取得の拒否、残業・休日出勤の強制	A	B	C	D
⑨一方的で遂行不可能な業務指示・命令	A	B	C	D
⑩必要以上の仕事への監視・関与	A	B	C	D

⑪ 能力や経験に見合わない仕事の常時強制	A	B	C	D
⑫ 私生活についての過度な介入	A	B	C	D
⑬ 飲み会などへの参加強制	A	B	C	D

4. セクハラ理解度チェック（参考例）

セクハラに関しては広く認知がなされるようになりましたが、まだまだ不十分です。セクハラで難しいのは、相手に好意で行う無意識のセクハラです。本人にとってはただの好意が受け手にとっては嫌悪（セクハラ）と解釈されることがあります。そこで、セクハラへの認識を統一するうえでの確認チェックとしてご参考ください。

＜セクハラ理解度チェック＞

質問：①〜⑭は、スキンシップ？セクハラ？どちらだと判断しますか？

① 「〜ちゃん」と呼ぶ
② 「脚が綺麗だね」と褒めた
③ 就業時間後の飲食へ誘う
④ カラオケでデュエットの要求
⑤ 宴席で隣に座らせる
⑥ 「元気ないけど、彼氏とケンカした？」と聞いた
⑦ 髪に触れる、頭をポンポンする
⑧ 宴席でお酌をさせる
⑨ 「ダイエットしたら？」とアドバイス
⑩ スクリーンセーバーに水着のグラビア写真を使う
⑪ 「おじさん」「おばさん」と呼ぶ
⑫ 「彼氏（彼女）いないの？」と話題にした
⑬ 肩に触れる、肩を揉む
⑭ 「髪の毛傷んでるね」と心配した

※上記はすべてセクハラに該当します。

5. 職場内での取り組み自主点検チェックシート

　他にも、以下チェックリストやアンケート調査用紙等、用意されていますので、必要に応じてご活用ください。

【参考】

　※厚生労働省セクシャルハラスメント職場内取り組み自主点検シート及びセクシャルハラスメントアンケート調査用紙
　　https://www.mhlw.go.jp/file/06-Seisakujouhou-11900000-Koyoukintoujidou-kateikyoku/08--.pdf

　※厚生省：あかるい職場応援団（http://www.no-harassment.mhlw.go.jp/check）では、ハラスメントに関するチェックリストが数種類用意されています。

　※厚生省：こころの耳（http://kokoro.mhlw.go.jp/comfort-check/）では、職場環境改善に向けたチェックリストが多数用意されています。

〈著者プロフィール〉
伊東 久(いとう・ひさし)
(株)おもてなし経営研究所　代表取締役社長
1957年鹿児島県鹿屋市生まれ。ホテル専門学校を卒業後、旅館・ホテルに6年間勤務、その後(株)ロッテリアに入社し、トータルでホテル・飲食業39年の実務経験を持つ。店長を始め、スーパーバイザー(SV)、地区統括マネージャー、本部営業推進部長を歴任した。退職後は、コンサルタントとして22企業の組織開発と、研修登壇約550回、臨店指導・面談約700店、覆面調査約3,200店を実施している。現場から本部マネジメント部門まで幅広く経験したノウハウは、課題解決だけでなく、働く人の士気を高めるとして高く評価されている。現在は、エンゲージメントを高める組織開発を主にしたコンサルティング活動をしている。

竹岡 聡子(たけおか・さとこ)
(株)おもてなし経営研究所　取締役
教育心理学博士・経済産業省創設おもてなし規格認証公認インストラクター
平成元年(株)第一勧業銀行に入行と同時に融資窓口を担当。その後、コンサルタント会社に入社し、講師や秘書、営業を担当。講師歴は29年、登壇研修は2,000回を超える。研修依頼を受けた業種は、事前にその会社を納得するまでリサーチし、業種、商品、状況に合わせた指導と、「YESの法則」「価値トーク」を武器にそのまま実践に活かし業績数字に反映させている。研修での指導内容を講師自らが実践しモデルを示すことに加え、受講者のやる気と考える力を引き出し、主体性を持った人材を育てる、現場に即した実践指導には定評がある。

ハラスメントを防ぐコミュニケーション手法と働きやすい職場づくり
～個人と組織の相互成長のために～

2021年12月10日　初版第1刷発行

㈱おもてなし経営研究所
著　者　　**伊東 久・竹岡聡子**

発 行 者　　**中野進介**

発 行 所　　株式会社 **ビジネス教育出版社**

〒102-0074　東京都千代田区九段南4-7-13
TEL 03(3221)5361(代表)／FAX 03(3222)7878
E-mail▶info@bks.co.jp URL▶https://www.bks.co.jp

印刷・製本／中央精版印刷㈱　　装丁・本文デザイン・DTP ／㈲エルグ
落丁・乱丁はお取り替えします。

ISBN 978-4-8283-0926-2